河北省社科基金项目：
京津冀协同背景下河北省特色农产品优势区建设路径研究（HB19GL069）
河北北方学院教育教学改革研究项目：
基于百年发展史农林经济管理专业综合改革研究（JG201805）

经济管理学术文库·管理类

农业经济管理学科发展百年：
政策演进、制度变迁与学术脉络

One Hundred Years Development of Agricultural
Economics and Management Discipline:
Policy Evolution, Institutional Change and Academic Context

孙　芳　丁　玎／著

经济管理出版社
ECONOMY & MANAGEMENT PUBLISHING HOUSE

图书在版编目（CIP）数据

农业经济管理学科发展百年：政策演进、制度变迁与学术脉络/孙芳，丁玎著．—北京：经济管理出版社，2021.2

ISBN 978 - 7 - 5096 - 7784 - 1

Ⅰ．①农…　Ⅱ．①孙…②丁…　Ⅲ．①农业经济管理—学科发展—研究—中国　Ⅳ．①F302

中国版本图书馆 CIP 数据核字（2021）第 038706 号

组稿编辑：郭　飞
责任编辑：曹　靖　郭　飞
责任印制：赵亚荣
责任校对：王纪慧

出版发行：经济管理出版社
　　　　　（北京市海淀区北蜂窝 8 号中雅大厦 A 座 11 层　100038）
网　　址：www. E - mp. com. cn
电　　话：(010) 51915602
印　　刷：唐山玺诚印务有限公司
经　　销：新华书店
开　　本：720mm × 1000mm/16
印　　张：13.25
字　　数：216 千字
版　　次：2021 年 2 月第 1 版　　2021 年 2 月第 1 次印刷
书　　号：ISBN 978 - 7 - 5096 - 7784 - 1
定　　价：88.00 元

序　言

　　"不忘初心，牢记使命"是笔者编著本书的初衷。笔者想借助本书研究的问题、抒发对"三农"的感情、记载农经人的成长过程、继续农业经济管理学科的学习，想做的太多，想记录的太多，能力所限什么也干不了。看看前人和同仁在这些方面的研究成果与杰作，笔者深感汗颜，本书也仅能表达笔者对农业经济管理学科的钟爱与敬畏，仅作为农经人一点肤浅的学习记载。

　　"不断探索，继续前行"成为促学的动力。本书的完成是多年来的一个心愿，也是一直潜心研究的成果，从 1986 年步入内蒙古农牧学院（现名内蒙古农业大学）农牧业经济管理系（现名经济管理学院）学习农业经济管理专业开始，就迷恋上农业经济管理学科，这也是之后一直从事该学科教学与科研工作的原因，在这漫长的岁月里，始终感觉自己在该学科领域应该继续学习、不断进步，通过在中国农业大学经济管理学院继续学习，于 1998 年获得该学科的硕士学位、2008 年获得该学科的博士学位。在这期间也经历了农业经济管理学科的发展与所属学科门类变迁，笔者致力于农业经济管理学科学习 30 多年，所获学士学位、硕士学位和博士学位涵盖了该学科所属不同学科门类，分别为经济学学士学位、农学硕士学位和管理学博士学位。

　　"以史为鉴，可明得失，以世为鉴，可知不足"成为记述学科发展历程的出发点。本书始终围绕着农业经济管理学科发展的纵横两条轴进行记述，农业经济管理学科纵向之轴贯穿于该学科产生与发展历程、农业经济发展实践需求的历史变化、农业经济相关政策演进、农业经济学科发展与专业建设制度变迁，以及农业经济学科相关学术研究热点与焦点转换、农业经济教育教学重点变换规律，以及学科发展趋势。农业经济管理学科横向之轴散见于国内各高校农业经济管理学科建设的面与国外部分高校农业经济管理学科建设的点。

"学科发展历程梳理—各阶段政策演进与制度变迁—各阶段学科相关学术研究—各阶段学科与教育教学制度与研究—学科建设现状与趋势—综合建设对策"是本书成稿的思路，因循该思路，本书将农业经济管理学科发展历程划分为四个阶段，分别为学科初创阶段、学科逐渐成熟阶段、学科快速发展阶段和学科改革与转型阶段，就农业经济管理学科发展百余年来不同时期的学科建设规律、"三农"政策演进、相关制度变迁、学科与专业相关学术研究与教育教学变化的脉络进行梳理。

　　由于笔者水平有限，加之撰写时间仓促，书中错误与不足在所难免，敬请专家与读者批评指正。

孙芳

2020 年 5 月于河北北方学院

目　录

第一章 引 论

本章内容为引论，主要介绍本书的选题背景、研究意义、主要内容，以及农业经济管理学科发展历程简况。

第一节 学科发展研究背景与研究内容

本节对农业经济管理学科发展历程研究的背景、意义、主要内容与特色进行简单介绍。

一、农业经济管理学科发展研究背景

本书所称农业经济管理学科是一个综合性的概念，在学科方面，既包括农业经济管理学科，又包括林业经济管理学科；在专业方面，既包括农林经济管理专业，又包括农村区域发展等相关专业；在人才培养方面，既包括学术研究型的硕士与博士相关研究方向的人才培养，又包括实践性较强的专科生、本科生与专业硕士的相关领域的人才培养；在学术研究方面，包括"三农"相关问题的学术研究、农业经济管理学科教育教学相关研究，而且农业经济管理学科涵盖了农业经济、农林经济管理、农业经济与管理、农业经营管理等名称。本节内容简单描述农业经济管理学科发展百余年历程相关问题的研究背景与研究意义。

（一）农业经济管理学科发展问题研究背景

基于农业经济管理学科的含义，本书研究背景包括农业经济管理学科发展规律、农业经济管理专业建设面临的困境，以及社会经济发展主要矛盾的转变、社

会经济发展对解决"三农"问题的学科建设与专业发展的新需求等背景。

1. 农业经济管理学科体系构建规律总结的需求

农业经济管理学科从 1914 年开始开设农业经济管理课程，到 1920 年成立农业经济管理专业，至今已经有百余年历史，该学科的发展经历了农业经济管理学科相关课程设置和农业经济管理学科相关教研室、系、学院的机构设置，并经历了专科生、本科生和研究生的人才培养层次的不断提升，学科人才培养机构、研究机构逐渐健全与完善，到 2020 年已经形成了集专科教育、本科教育、硕士研究生教育和博士研究生教育完整的学科教育教学体系。因此，农业经济管理学科发展的规律为：学科从无到有，从单门课程的设置到课程体系的构建，从课程组建设到院系机构的设置与不断完善，从专科教育到博士研究生教育，从个别农业院校建设该学科到财经类院校再到综合性大学建设农业经济管理学科，其特征表现为：农业经济管理学科培养人才的范围逐渐拓展、规模逐渐扩大，学科建设体系逐渐完善，学科发展越来越受到重视。农业经济管理学科在发展过程中不断遇到新问题，不断进行调整与完善，逐渐发展成为具有完整体系的优势学科，尤其在进入 21 世纪后，农业经济管理学科发展遇到了新的挑战，出现了新的问题，所以应该厘清该学科发展规律，寻找学科发展突破困境的策略，便于学科得到进一步发展。

2. 学科建设重点围绕农业经济实践的热点问题转变而变化

农业经济管理学科发展、专业建设与改革都是围绕着"三农"实践亟待解决的问题与社会经济发展客观需求的转变而发展与变革，且农业经济管理学科发展伴随着针对农业经济发展实践的热点问题和重点问题研究的转变，以及对农业经济管理学科人才培养的教育教学相关问题的研究重点转变而不断发生变化。从农业经济管理学科相关课程开设到农业经济管理学科教育教学体系不断完善的百余年来，我国的农业经济发展也经历了多次变革，解决农业经济问题的政策与措施始终围绕着"三农"问题不断更替，这些变革与更替要求并推动农业经济管理学科的不断成熟与完善。

同时，我国围绕着农业经济实践的重点问题、热点问题与焦点问题而出台的政策不断演进、制度不断变迁，自农村家庭联产承包责任制实施以来，1982 ~ 1986 年，连续 5 年出台了 5 个以针对"三农"亟待解决的问题为主题的中央一号文件，之后中央一号文件的出台有所中断，2004～2020年，每年又连续出台了以"三农"问题为主题的17个中央一号文件，1982～2020年，共计出台了22个中央一号文件，文件的政策导向都是围绕"三农"急需解决的焦点问题而实施的重点策略。因而，农业经济管理学科建设也总是围绕着解决"三农"问题的实践需求、政策制度、策略与措施而发展与变革。通过梳理农业经济管理学科建设的历程，总结学科发展规律，提出应对"三农"实践挑战的对策，便于达到学科学术研究与教育教学更好地服务于"三农"实践的目的。

3. 为适应社会经济发展的客观需求而进行学科与专业改革

鉴于上述两个背景，农业经济管理学科发展在学科体系与专业教育体系较为完善时，形成了一套较为固定的人才培养体系、人才培养模式和人才培养方案，以及形成了一套该学科较为规范的研究方法、研究规律等。随着社会经济的不断发展，对该学科人才具有多元化的需求，以及"三农"不断出现新矛盾、新问题，这些新矛盾、新问题成为亟待解决的重要问题。就我国社会主要矛盾而言，从中华人民共和国成立之初到2020年有了根本性转变，人才培养体系与培养方案都需要进行不断变革，因此，农业经济管理学科建设也需要进行不断革新。

从社会需求到高校人才培养再到教学体系循环模式如图1-1所示，学科发展与专业建设紧密联系社会需求实践，且是一个闭环。该循环模式始于社会对人才的需求，终于高校人才培养满足社会的需求。社会对某学科、某行业或专业人才各方面的高素质需求，需要这一学科通过高等教育培养或培训不同专业技能的人才，要培养好不同学科与专业人才需要有周密规划，并反复论证的培养方案，通过培养方案设置人才培养的课程体系，在课程体系中的每一门课程要有较为科学合理的教学重点内容，通过理论教学与实践教学达到社会对不同人才需求的目的。

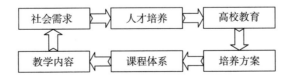

图1-1 社会需求、人才培养与教学体系循环模式

4. 教育教学不断改革与发展对学科建设提出新要求

自 2015 年以来，为顺应国家对高校实施"双一流"建设（"建设世界一流大学和一流学科"）的教育教学重大战略决策，我国高校不断进行教育教学改革。

2017 年，在第十二届全国人民代表大会第五次会议的政府工作报告中提出：推进世界一流大学和一流学科建设，继续推动部分本科院校向应用型转变。从此将"推进世界一流大学和一流学科建设"与"应用型本科建设"列入政府教育工作的要点，并将加强教师队伍建设，制定实施《中国教育现代化 2030》列为政府工作中教育工作的重点。2018 年，在第十三届全国人民代表大会第一次会议的政府工作报告又一次提到高等教育改革的重点工作为：以经济社会发展需要为导向，优化高等教育结构，加快"双一流"大学与学科的建设，支持中西部建设有特色、高水平大学。2019 年，在第十三届全国人民代表大会第二次会议上政府工作报告再一次提出：要"推进一流大学和一流学科建设"。同时，教育部提出高校打造"金课"的要求与指导意见。这些重要的政府报告与文件中都将高等教育学科建设与发展提升到一定的高度，政府所列出的教育工作重点表明教育改革与建设在提升我国高等教育水平、增强高等教育国际竞争力、培养高质量人才的决心与具体措施，这必将推动各类学科的进一步变革与发展。

农业经济管理学科建设有着悠久的历史，在国家重视解决"三农"问题、高等教育改革、"双一流"建设等新时代背景下，为了适应社会对该学科人才的需求，农业经济管理学科建设需要创新模式，建立一流的人才培养机制，最终将人才培养的落脚点放在学科建设、专业建设综合改革上。在此背景下，本书通过研究我国农业经济管理学科发展历程，梳理学科发展过程中所依赖的政策演进、制度变迁，以及厘清学科发展过程中"三农"相关问题的学术研究与学科教育教学研究的脉络，便于为农业经济管理学科建设与学科进一步发展提出建议。

（二）农业经济管理学科发展的研究意义

农业经济管理学科发展研究涉及许多问题，本书主要梳理从农业经济管理学科课程开设以来，解决"三农"问题的政策演进、制度变迁、厘清农业经济管理相关学术研究脉络，分析农业经济管理学科建设、教育教学制度与发展规律，从而分析农业经济管理学科的发展历程、学科各方面变迁与学科发展趋势。本书不仅具有学科发展的现实意义，同时也有利于总结学科发展研究的规律，具有学术研究的参考价值。

1. 顺应亟待解决农业经济实践问题对学科建设不断革新的要求

在传统农业向现代农业转变的过程中，农业产业已经逐渐形成经营主体的多元化、农业贡献的多功能化，农业经营、农村发展需要的农业经济管理人才在数量、质量和层次方面均有所变化，对于农业经济管理学科团队建设、科研队伍建设的要求，以及对于农业经济管理学科人才培养、农业经济管理学科教育教学、科研水平与实践技能与能力的要求逐渐提高，并且社会对人才的需求越来越多元化。因而，学科建设、学科相关的学术深入研究、人才培养与专业建设均需要有所创新。

农业经济管理学科人才培养的综合技能与综合知识要求该学科建设不断改革与创新。农业经济管理学科建设历程研究与相关问题的梳理，便于进一步提升学科各方面的建设水平，顺应了社会经济发展对农业经济管理学科发展、专业建设与时俱进的要求。

2. 满足农业经济管理学科创新的需要

农业经济管理学科从产生到不断发展，直至体系不断完善，在这个过程中，新矛盾、新问题、新挑战与新困境也不断出现，需要更新学科建设与发展理念，改革创新发展方式与途径。

（1）学科建设理念不断更新的需求。

在中国特色社会主义建设的新时代，经济发展面临着新常态，社会矛盾出现新动向，农村发展、农业质量提升、农民收入增加出现了新要求，而农业经济管理学科建设和发展的步伐还遵循原来的轨迹、按照原来的发展模式、踏着已有的节奏、迈着不变的步伐，这远远不能满足新时期社会经济发展的需求，必须进行革新，要进行革新就需要掌握其发展规律与趋势，树立新的发展理念。

（2）学科建设与专业发展紧密联系的需求。

目前，农业经济管理学科发展与农业经济管理专业建设联系不紧密，且专业发展明显慢于学科发展。在国家关于"三农"问题的重大战略实施下，"三农"问题受到了社会各界的关注，因此，农业经济管理学科无论是科研人才，还是学术研究成果，都具有长足发展。但是，农业经济管理专业的建设明显没有跟上学科发展的步伐，通过研究农业经济管理学科发展过程，学科学术研究的发展与学科教育教学的关系、学科发展与专业建设的变化规律，总结并吸取经验，为以农业经济学科建设为依托，力求转变学科建设与专业建设密切结合的方式，创新学科建设与专业建设密切结合的体制机制提供依据。

3. 适应社会对农业经济管理学科人才培养的要求

同其他学科一样，农业经济管理学科发展与建设的目的最终落脚点是解决实际存在的问题，满足社会经济发展对学科人才的需求。

（1）社会对学科人才培养的持续性需要。

进入 21 世纪后，农业经济管理学科相关专业人才培养遇到"瓶颈"，一方面，人才培养远远不能满足社会对"三农"各方面人才的需求；另一方面，农业经济管理学科相关专业生源遇到困难，在高等教育快速发展与人才培养数量不断增加的背景下，各类新兴学科与专业迅速增加的同时，毕业生就业领域的变化与就业难的问题较为严重，学生选择专业变得很谨慎，导致农业经济管理专业在众多专业竞争中失去原有的优势，该学科相关专业招生的生源不足与就业去向不理想。有必要通过对农业经济管理学科发展脉络的梳理，在学科发展趋势的推动下，寻求改革学科与专业人才培养模式、改变目前的困境、发挥农业经济管理学科优势、提升人才培养的质量、拓宽人才培养领域、扩大专业涉猎范围的途径与具体措施。

（2）学科课程设置、实践教学内容和方式完善与改革的需要。

基于上述问题，农业经济管理学科与专业的培养目标、培养方案等均需要革新，农业经济管理学科人才培养的课程体系需要调整。基于社会对该学科人才质量要求越来越高，从农业经济管理学科人才培养的方向来看，原来的培养方案、课程体系设置、实践教学环节均存在不能满足新时代社会经济发展的需求，需要从人才方面进行改革，加强实践教学，改革课程设置，完善培养方案。通过农业经济管理学科发展历程的研究，了解学科涉及的实践问题、政策制度和学术研究焦点的变迁，这将有利于农业经济管理学科建设、专业课程设置的变革、实践教学方式与内容的充实与创新。

（3）加强学科学术队伍和教师团队培训与学习的需要。

农业经济管理学科发展和农业经济管理专业建设，离不开相应的人才建设，无论是农业经济管理学科的科学研究，还是农业经济管理专业的人才培养都需要有强大的、高水平的学科建设队伍和专业教师团队。所以，农业经济管理学科建设的人才引进与培养是学科发展与专业建设的关键。从目前来看，该方面的人才出现低迷状态与不景气的现象，远远不能满足农业经济管理学科持续发展和农业经济管理专业建设的需求。通过农业经济管理学科学术研究成果的梳理、总结，有利于提高该学科队伍和该学科专业教师团队在对学科深入了解的基础上，树立进一步发展该学科、建设该学科的责任感，便于进一步提升学科的竞争力。

4. 考虑农业经济管理学科的学术研究与实践的需求

基于上述描述的农业经济管理学科发展、农业经济管理专业建设面临的困境，以及社会经济发展主要矛盾的转变与社会经济发展对"三农"问题解决的新需求的研究背景，同时，考虑农业经济管理学科与专业建设面临的困难与问题，本书所涉及的研究内容与研究结论具有学术价值与现实意义。

本书通过梳理农业经济管理学科发展的历程，总结该学科发展规律，找出不同阶段学科发展与研究的重点问题与主要学术研究成果，对于学科的进一步深入研究与该学科专业建设水平的提高，具有学术参考价值。

通过查阅资料和调查分析不同阶段、不同类型高校农业经济管理学科建设与专业发展实际情况、涉农政策与制度，以及"三农"相关的学术研究成果，找出与目前社会经济发展对该学科学术研究、教育教学研究与人才培养需求的差距，基于我国"三农"发展的现实背景与宏伟发展目标，提出农业经济管理学科持续发展途径和专业人才培养改进或创新的措施，为农业经济管理学科发展与专业人才培养提供参考，为我国如期实现"两个一百年"奋斗目标提供参考，这些研究具有现实指导意义。

二、农业经济管理学科发展研究内容

（一）研究思路与研究内容

1. 研究思路

本书围绕着农业经济管理学科在百余年发展过程中的学科建设、人才培养、政策制度、学术研究等事项展开分析，研究主线、研究思路和研究框架如图 1 - 2 所示。

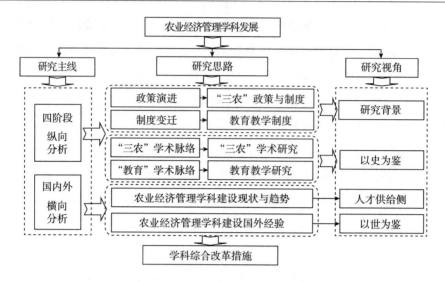

图 1-2　研究主线、研究思路和研究框架

（1）农业经济管理学科发展研究主线。

本书沿着纵向分析主线与横向分析主线梳理农业经济管理学科百余年的发展历程。

纵向分析主线沿着：学科发展过程中四个发展阶段的"三农"政策演进与制度变迁——四个发展阶段相关教育及教学制度变迁——四个发展阶段学科相关学术研究脉络——四个发展阶段学科建设教育教学相关研究脉络，进行学科发展历程的梳理。

横向分析主线包括国内农业经济管理学科建设现状与国外的横向比较分析，以及对农业经济管理学科发展趋势进行论述。

（2）农业经济管理学科发展研究思路与研究视角。

本书的研究思路是通过梳理农业经济管理学科四个发展阶段的"三农"相关政策演进与制度变迁、四个发展阶段学科相关学术研究脉络、四个发展阶段学科建设教育教学的制度变迁与教育教学相关研究脉络、国内各高校农业经济管理学科建设现状与发展趋势，以及国外农业经济管理学科建设经验，依据该学科发展规律与经验提出综合改革对策。

本书的研究视角是以"三农"政策演变与制度变迁为研究背景，以"三农"

相关学术研究与教育教学研究的历史为借鉴，以农业经济管理学科相关专业人才培养的供给侧分析为切入点，以国外农业经济管理学科建设经验为借鉴，对我国农业经济管理学科建设百余年的历程进行梳理与分析。

2. 研究内容

基于研究思路，本书设计了六章内容进行论述，具体研究内容设计如下：

（1）农业经济管理学科发展历程。

该部分内容分为两节内容，第一节内容主要介绍农业经济管理学科百余年的研究背景与研究内容，第二节内容简单梳理农业经济管理学科发展历程。

第一节内容涉及的研究背景等问题是基于农业经济管理学科发展与专业建设始终围绕着"三农"问题重点与热点的不断更替、人类社会经济发展过程中对农业经济实践的更高要求等问题而不断发展与改进。所以，社会经济发展的主要矛盾、关键问题、"三农"实践的突出问题与针对"三农"问题解决的政策措施始终是农业经济管理学科建设的主要背景。

第二节内容对农业经济管理学科发展过程进行简单梳理，并按照学科发展特点与重点，将农业经济管理学科发展历程分为四个阶段，分别为学科初创期、学科逐渐成熟期、学科快速发展期和学科改革与转型期，为分析不同阶段的农业经济管理学科建设的政策演进、制度变迁和农业经济管理学科建设状况与该领域的学术成果，以及不同阶段该学科教育教学制度与相关研究提供了依据。

（2）"三农"政策演进与农业经济管理学科发展。

该部分内容为第二章，主要论述"三农"的政策演进与农业经济管理学科发展的关系，分两节内容，将学科发展的四个阶段中第一阶段与第二阶段的"三农"相关政策演进分析作为第一节内容，学科发展的四个阶段中第三阶段与第四阶段的"三农"相关政策演进分析作为第二节内容，主要梳理农业经济管理学科发展过程中的"三农"政策演进与制度变迁对学科发展的影响。

通过对农业经济管理学科发展的初创期、逐渐成熟期、快速发展期和转型期四大阶段的"三农"重要事件进行梳理，以及不同阶段"三农"政策和制度的制订与实施进行梳理，目的是通过分析厘清在农业经济管理学科发展过程中的"三农"政策演进，以及对农业经济管理学科发展的政策指导与制度规制作用。

（3）学术研究脉络与农业经济管理学科发展。

该部分为第三章内容，主要内容是对农业经济管理学科学术研究脉络进行梳理，共包括两节内容，第一节为第一阶段与第二阶段的农业经济管理学科相关学术研究成果的梳理，第二节为第三阶段与第四阶段的农业经济管理学科相关学术研究成果的梳理。

由于在不同时期，"三农"所面临的矛盾与急需解决的问题不同，农业经济管理学科的学术研究需要解释的现象、归纳与总结的规律与解决问题的措施也不尽相同，因而农业经济管理科研与学术研究的焦点问题、热点问题有所不同，这部分内容主要分析农业经济管理学科发展不同阶段的相关学术研究。通过回顾农业经济管理学科主要的、权威的相关学术研究成果，梳理学科相关学术研究脉络，便于总结学科发展与学术研究之间的密切关系及其发展规律。

（4）教育教学制度变迁与农业经济管理学科发展。

该部分为本书的第四章内容，主要论述教育教学制度变迁与农业经济管理学科发展的关系，共分两节内容，第一节内容梳理第一阶段与第二阶段教育教学制度变迁与农业经济管理学科发展的相关问题，第二节内容梳理第三阶段与第四阶段教育教学制度变迁与农业经济管理学科发展的相关问题。

通过对农业经济管理学科初创期、逐渐成熟期、快速发展期和改革与转型期的农业经济管理学科的本科教育、研究生教育的制度变迁与发展的梳理，总结该学科人才培养、教育教学发展规律，以及农业经济管理学科为解决社会经济发展过程中出现的"三农"问题的作用与贡献。同时，对农业经济管理学科相关专业在四个阶段的教育教学改革研究成果进行梳理，掌握教育教学改革规律，便于为寻找该学科教育教学综合改革措施提供参考。

（5）农业经济管理学科发展现状与发展趋势。

该部分为本书第五章内容，主要分析农业经济管理学科发展现状与趋势，共包括三节内容，第一节内容介绍我国高校农业经济管理学科建设现状，第二节内容分析农业经济管理学科发展的挑战与困境，第三节内容分析农业经济管理学科人才供需与学科发展趋势。

农业经济管理学科发展到21世纪，"三农"问题与农业经济管理学科与专业遇到前所未有的挑战，包括农村经济发展遇到的困难、农业经济管理学科发展遇到"瓶颈"、农业经济管理学科相关专业人才培养环节的困境。通过分析进入21

世纪后我国农业经济发展、农业经济管理学科和专业发展现状，了解该学科建设现状与人才队伍、专业课程设置、教学方式、实践教学、教学团队、人才供求等现状，总结存在的问题，并分析原因。通过从人才供给侧角度分析农业经济管理学科人才供给与需求，便于寻求人才培养、人才供给的综合性改革措施。同时，通过分析重点院校与普通院校农业经济管理学科和专业课程设置、教学方式、实践实习方式、教学与科研团队培养方式，总结学科和专业建设的经验与建设趋势。

（6）国外学科建设经验与我国学科综合改革措施。

该部分为本书的第六章内容，也是最后一部分内容，主要针对学科发展目前存在的问题，依据发展规律，借鉴发展经验，提出农业经济管理学科综合发展对策，该部分内容包括两节，第一节主要在纵向梳理农业经济管理学科发展历史与分析现状的基础上，横向比较国外农业经济管理学科与专业发展现状，以及农业经济管理学科建设与专业发展模式，总结归纳其发展经验与趋势，为提出我国农业经济管理学科与专业改革提供借鉴与参考。第二节主要依据农业经济管理学科与专业发展历程的梳理、该学科与专业发展现状分析、国内外该学科与专业建设先进经验借鉴，提出我国农业经济管理学科和专业建设与发展的综合改革措施。

（二）本书研究特色及创新点

本书无论研究主线、研究思路，还是研究视角与研究内容框架均体现学科发展历程梳理的综合性特色。

1. "以史为鉴、以世为鉴"的学科纵横发展规律与经验总结的研究主线

以铜为鉴，可正衣冠；以史为鉴，可明得失；以世为鉴，可知不足。本书梳理了从1913年许璇教授于日本东京帝国大学留学回国后，于1914年在国立北京大学校农科开设农业经济管理学科相关课程以来，我国农业经济管理学科发展和该学科教育教学百余年来的纵向发展历史，总结不同社会发展时期农业经济管理学科的发展规律。

本书除了对农业经济管理学科发展历程的纵向发展规律进行梳理外，还横向比较分析了国外一些国家农业经济管理学科发展规律，横向比较了国内不同类别高校的农业经济管理学科发展状况，以寻找与总结农业经济管理学科建设经验与综合改革的措施。

所以，本书基于农业经济管理学科历史的纵向发展规律与国内外的横向发展经验，以纵横发展规律与经验分析作为研究主线对农业经济管理学科综合改革进行深入研究，研究思路与研究主线具有特色。

2. "以学科发展所依据的政策与制度"为研究背景

在我国农业经济管理学科发展与农业经济管理专业建设的百余年来，农业经济管理学科科研与教育教学始终围绕着历史性转变所出现的问题而展开。随着我国"三农"问题在不同时期、不同阶段的转变，农业经济管理学科相关科研与教学都是针对性地解决一系列问题而展开研究。

同时，政府始终围绕着急需解决的"三农"问题出台一系列政策、措施，制订一系列制度与策略解决焦点问题和热点问题，这些举措为农业经济管理学科建设与发展提供了规范性的政策背景。为了解决实际存在的"三农"问题与适应社会对农业经济管理专业人才的需求，一系列教育教学改革的文件与制度也随着社会实践需求与教育教学实践需求应运而生，这些规范性文件、精神、规则与制度又为农业经济管理专业建设与学科发展提供了改革的制度依据。

所以，农业经济管理学科发展与专业建设的深入研究以"三农"政策与教育教学规律为基本准则与背景，本书的研究具有一定创新。

3. "以满足人类社会发展需求"的人才培养供给侧改革的研究为切入点

农业经济管理学科发展百余年来，在传统农业向现代农业转变的过程中，农业逐渐形成经营主体的多元化、作用与贡献的多功能化，因而需要的农业经济管理人才在数量、质量和层次方面均有所变化。在此背景下，农业经济管理学科建设必须满足社会经济发展对该学科人才的需求。

基于社会经济发展对农业经济管理学科人才需求的变化，该学科建设与专业教育主体作为人才培养的供给侧需要进行不断革新，应当在科学研究、人才培养、课程设置、教学方式、制度保障等方面进行综合性改革，才能适应新时代需求，满足社会经济发展的人才需求。所以，本书的研究紧跟新时代社会经济发展潮流。

综上所述，本书以纵横发展规律与经验研究为主线，以学科发展与改革所依据的政策与制度规范为研究背景，以社会经济发展对农业经济管理学科人才培养的需求与该学科人才培养供给侧的综合改革为切入点，以这样的研究思路，深入研究了随着"三农"相关政策与制度的演进、农业经济管理学科的学术研究的重点与焦点的交替变换、学科发展依据的教育教学制度变迁、农业经济管理学科发展、专业建设与人才培养百余年来的变化规律、国外该学科建设的经验,以及学科发展与专业建设的趋势,依据学科发展各方面的梳理、分析、研究、归纳与总结,提出农业经济管理学科发展与专业建设的改革措施与建议,研究选题、研究思路、研究的内容框架与研究方法具有新意。

第二节　农业经济管理学科发展历程

农业经济管理学科发展在西方国家起始于18世纪末,迄今200余年。这200多年来,农业经济管理学科发展经历了产生、发展、革新、再发展等反复创新与不断发展的过程。在我国农业经济管理学科从1914年开始开设农业经济管理学科相关课程以来,到21世纪20年代,已有100余年的历史。

一、世界农业经济管理学科发展简况

本部分内容简单梳理农业经济管理学科的产生与发展历史,便于更全面了解我国农业经济管理学科的产生与发展历程。

（一）世界农业经济管理学科发展阶段划分

世界农业经济管理学科在18世纪末19世纪初产生于西方国家,称该学科为农业经济学科。

安希伋从西方国家农业经济管理学科产生的18世纪末到20世纪80年代,将西方农业经济管理学科发展历史划分为三个阶段:①积累科学资料阶段;②进行理论概括阶段;③理论进一步深化并建立起比较完整的学科体系的阶段①。

本书对世界农业经济管理学科在20世纪80年代之前发展阶段的论述借鉴了安希伋的部分观点。但是在时间节点方面不同于安希伋先生的划分,即本书将世

---

① 安希伋. 资本主义农业经济学的历史与现状 [J]. 农业经济,1987(1):1-4.

界农业经济管理学科划分从18世纪到19世纪为第一个发展阶段，20世纪为第二个发展阶段，进入21世纪为第三个发展阶段，本书对世界农业经济管理学科发展三个阶段的描述中，前两个阶段有些观点借鉴了安希伋先生的论述。本节内容对这三大阶段世界农业经济学科的产生与发展过程进行简单介绍。

世界农业经济管理学科的第一个发展阶段为18世纪到19世纪，这一阶段为农业经济管理学科的产生与初步发展时期；农业经济管理学科的第二个发展阶段为进入20世纪后到21世纪之前，这一阶段为世界农业经济管理学科发展期；农业经济管理学科的第三个发展阶段为进入21世纪后到21世纪20年代，这一阶段为世界农业经济管理学科变革期。

（二）世界农业经济管理学科的产生期

18世纪到19世纪，农业经济管理学科在这一时期产生并发展，农业经济学科真正产生是从18世纪末19世纪初，在19世纪中期后开始得到不断发展。

1. 世界农业经济管理学科的产生

18世纪末19世纪初，在西方国家农业经济管理学科从产生到发展，这一阶段为农业经济管理学科产生的早期，该阶段为农业经济管理学科积累科学资料阶段，为下一阶段进行理论概括做好准备（安希伋，1983）。

（1）农业生产要素与农业制度受到重视。

在这一阶段"三农"问题中被关注较多的是农业生产制度与要素，同时农村经济也逐渐受到重视。该阶段是农业经济管理学科产生的准备阶段，主要通过一些农业生产实践、技术实践和农业经济实践的描述，为学科建立提供了基础。该阶段多数经济学家重视农业耕作制度、农业生产要素问题，并将"三农"相关问题确定为经济发展的基础地位。恩格斯对农业的评价认为"封建主义的基础是农业"[1]，马克思也提出"在古代社会和封建社会，耕作居于支配地位"[2]，并认为"食物的生产是直接生产者的生存和一切生产的首要条件"[3]。

---

① 卡尔·马克思，弗里德里希·恩格斯. 马克思恩格斯全集，第21卷［M］. 北京：人民出版社，1974.

② 卡尔·马克思，弗里德里希·恩格斯. 马克思恩格斯全集，第2卷［M］. 北京：人民出版社，1957.

③ 卡尔·马克思，弗里德里希·恩格斯. 马克思恩格斯全集，第25卷［M］. 北京：人民出版社，1974.

在这一阶段，西方农业经济管理学科发展的代表人物英国的经济学家阿瑟·杨（A. Young）竭力提倡轮作制度，并论证了生产要素配合比例、生产费用与收益的关系，把轮栽式农业从理论上加以概括，在实践中加以推广（安希伋，1983）。轮栽式农业由于最初在英国伦敦西北部的诺弗克郡推行，所以又被称为诺弗克式农业（董恺忱，1980）。许多资产阶级农业经济学家认为阿瑟·杨是农业经济学的创始人，这一阶段，在阿瑟·杨发表上述观点前后其他经济学家也从理论上论述农业经济问题，例如李嘉图（D. Ricardo）著作相关信息的译文版（1997）中显示了他对级差地租论的论述，他认为地租是为使用土地的原有和不可摧毁的生产力而付给地主的那一部分土地产品。这一时期农业生产要素与农业制度已经成为农业经济学家关注与研究的焦点问题。

（2）该阶段农村经济逐渐受到关注。

这一阶段，除了农业生产要素与农业制度等问题受到农业经济学家的重视，并从不同角度进行研究外，农村经济与城乡之间的关系也逐渐得到关注。

这个时期城乡之间经济发展关系的论述在英国经济学家亚当·斯密的论著《国富论》译文版（2015）中表现较为突出，亚当·斯密论述了工商业城市对农村的改良与开发的贡献，表现为："一是城市为农村的原产品提供一个巨大而便易的市场，从而鼓励了农村的开发与进一步改进；二是城市居民所获财富通常用来购买待售的土地，这些土地很大部分都尚未开垦；三是农村居民一向处在与其邻近居民的战争和对其上司的依附状态中，但工商业的发达却逐渐使他们变得有秩序，建设友好的政府以及个人的安全和自由。"① 这些都显示了农业、农村居民，以及农村经济的不断发展，也体现出农业经济学科的早期研究。

德国的农业经济学科发展受到的重视比英国晚几十年，德国农业经营经济学创始人泰厄（A. Thaer）的著作《合理的农业原理》影响较大，著作明确提出的观点认为农业经营的目的是为了获取最大利润（安希伋，1983）。这一时期部分地区的土地利用从三圃制过渡到轮栽式农业（董恺忱，1980），农业经营结果受到重视，并初步形成相关研究成果。

---

① （英）斯密. 国富论［M］. 刘欣欣，译. 沈阳：万卷出版公司，2015：285－286.

2. 农业经济学理论初步发展阶段

这一阶段前期，在重视农业生产实践与农村经济发展实践的基础上，逐渐形成了农业生产理论、地租理论、合作化理论，以及农业经营形态等农业经济理论，研究者与研究成果也逐渐增多。

（1）农业生产与农业制度相关理论的形成。

19 世纪中期到 20 世纪初期西方的农业经济管理学科的相关理论初步形成，相关学术研究主要集中于农场管理，代表人物有 H. C. 泰勒、W. J. 斯皮尔曼和 G. F. 沃伦等农业经济学家，同时，该阶段美国的部分高校开设了农业经济管理学科相关课程。到了 19 世纪中期农业生产与农业制度相关理论基本形成。

美国早期的农业经济发展史体现在开垦荒地的过程，由于欧洲移民的迁移，使得北美大陆进行开荒而逐渐发展起来。虽然在 19 世纪 60 年代美国各州开始建立农学院，但是在农业发展初期，主要是研究农业技术，并不太关注农业经济问题。一直到 19 世纪末，由于美国与欧洲的农产品贸易受到阻碍，农产品出售欧洲被抵制，产品出现过剩问题，引起了美国政府对农业经济问题的重视，开始进行农产品相关问题的调查研究工作，从而促进了美国农业经济学科的发展。

（2）农业合作制与农民问题相关理论的形成。

这一时期，在苏联列宁通过出版著作提出了无产阶级在资产阶级民主革命中的领导作用与经济基础的观点，并结合社会主义的革命和建设实践阐述了农业经济理论问题，分析了俄国农奴制度废除以后农业中资本主义发展的必然性。同时，列宁提出的通过合作社来吸引农民参加社会主义建设的思想，是马克思主义关于农民和农业问题理论的重大发展，为苏联等国家的农业社会主义改造奠定了理论基础（安希伋，1983）。

19 世纪末恩格斯对资本主义制度下的农业和农民问题也作了详细的研究，研究认为："大土地和大农业，完全排挤了靠自己经营为生的农民，农民日益被'驱逐'，或者至少在经济上和政治上日益退居次要的地位。"[①]

（3）农业经济理论与经济分析方法的形成。

---

① 卡尔·马克思，弗里德里希·恩格斯. 马克思恩格斯全集（第 4 卷）［M］. 北京：人民出版社，1972.

从 19 世纪中期到 20 世纪初期，这一阶段是农业经济理论与经济分析方法的形成时期，这极有利于农业经济学科的产生。这一时期经济区位理论、级差地租说、屠能圈观念和各种农业经营形态等农业经济学的理论体系初步建立。同时，在这一时期经济学中首先提出并运用了以边际分析方法为主的经济分析方法。

德国的农业经营经济学家冯·屠能（J. H. Von Thünen）在其著作《孤立国》（中译本）（1986）中指出由于各个地区与中心城市的距离不同，运输费用也不同，从而就会形成农业经营形态不同的农业经济区，即屠能圈学说，并与李嘉图几乎是同时创立了级差地租说，建立了经济区位理论。到 20 世纪初，德国的农业经营经济学派艾瑞保和卜凌克曼通过出版《农业经营学概论》和《农业经营经济学》，发展建立了一个较为完整的理论体系（安希侃，1987）。卜凌克曼围绕农业集约度和农业部门组织建立了理论体系，并运用经济学中的抽象方法和动态分析方法进行了相关问题的研究（安希侃，1983）。

（三）世界农业经济管理学科发展期

进入 20 世纪后到 21 世纪前的时期，农业经济管理学科涉及的农业相关问题研究逐渐活跃，且随着世界经济危机的出现，研究重点不断变化，促使农业经济学科逐渐建立完整的体系，这一时期是世界农业经济管理学科发展期。

1. 20 世纪中期前农业经济学科的学术研究逐渐活跃

在 20 世纪 20 年代，美国农业经济学科的学术研究活动已经很活跃，相继出版了反映美国时代特色的许多农业经济学专门著作。

（1）20 世纪 20 年代农业经济学科的学术活动。

20 世纪 20 年代美国农业经济学科的学术研究逐渐活跃，研究成果为农业生产经济学的创立做出较大贡献。同时，这一时期农业经济学者们各有侧重地对农场经营的理论与实务、农产品的价格和运销以及土地经济、农村经济等问题进行了探讨，主要代表人物与著作有：泰勒（H. C. Taylor）的著作《农业经济学概论》、诺尔斯（North）的著作《农业经济学》、博伊尔（Boyl）的著作《农业经济学》、斯皮尔曼（Spillman）的著作《农场管理学》，以及伊利（Ely）的著作《土地经济学原理》等（安希侃，1987）。这些著作的问世与其中的学术研究极大地推动了农业经济管理学科的发展。

同时，布拉克（J. B. Black）的著作《农业生产经济学导论》中引入了数学分析方法，开始将数学方法与经济理论联系起来，成为农业经济学科发展中由理论概括，向纳入一般经济理论阶段的过渡性著作（安希伋，1983）。此外，在这一时期，还有农产品运销学和乡村社会学等方面学术研究的专门著作出版。

（2）20世纪30年代后农业经济学科的学术活动。

在20世纪30年代后，随着世界经济危机的冲击，资本主义国家的政府加强了对农业生产的干预，农业经济学的研究也发生变化。这个时候农业经济隶属于农学范围，美国经济学家西奥多·W.舒尔茨致力于农业经济问题的研究，舒尔茨（1964）认为农业经济学应该是一般理论经济学的组成部分，这一观点为现代农业经济理论的形成奠定了基础。

这一时期舒尔茨逐渐出版了《不稳定经济中的农业》（1945年）、《农业经济组织》（1953年）、《改造传统农业》（1964年）、《经济增长与农业》（1968年）等著作，并将农业经济问题与人力资本理论结合起来，研究发展中国家的农业问题（舒尔茨，1964），这一时期的这些著作进一步推动了农业经济实践、理论与学科的发展。

2. 农业经济管理科学体系逐渐建立时期

20世纪中期之后，由于农业专业化、社会化的不断发展，以及农工商联合企业等问题相关学术研究的出现，农业经济管理学科对这些方面的研究较多，这一时期比较完整的农业经济科学体系逐渐建立。

（1）西方农业经济管理学科的理论体系逐渐建立。

西方农业经济管理学科的发展经过20世纪30年代初期世界经济大恐慌的冲击，发生了巨大变化。这个阶段就出现了凯恩斯主张的经济学理论，在西方经济学发展史中，有人把这一阶段叫作凯恩斯时代。在美国及整个资本主义世界，结束了农业与贸易自由发展的时代，开始了政府直接大规模干预经济的局面。这个时期，舒尔茨把农业放到整个国民经济背景中进行考察，并运用新古典学派的经济理论分析农业问题，把西方农业经济学的发展推进到了新的发展阶段（安希伋，1982）。这个时期农业经济管理学科相关理论逐步得到建立。

1950年以前，农业经济的主要分支学科有：一般农业经济学、农场管理学、土地利用、农产品运销学、农业金融、农业政策，之后逐渐建立了农业生产经济学、农业发展经济学、农业资源经济学等学科。原来的农产品运销学，主要研究农产品分级、包装、运输、贮藏和加工的一般职能，以及市场结构、价格变动等方面的课题。现在许多课题都发展为独立学科，并大规模地开展了产前、产后相关企业的研究工作。农业贸易学、农业销售与服务、农业企业组织（指产前、产后企业）、农业运销管理学、农业企业情报、农业企业经营、农业价格分析、食品系统金融、食品零售、包装、食品集散、食品系统生产资料供应、食品加工、食品营销制度等新建学科逐渐产生，且这些相类似的学科与研究方向逐渐增多。

20世纪50年代后，农业经济管理学科又产生了许多新的分支学科，如农工联合企业管理学、农业发展经济学、农业资源经济学和食品经济学等（安希伋，1982）。美国各高校大约有70多个农业经济学系，是培养农业经济专业人才的主要阵地（安希伋，1983）。美国密歇根州立大学设置了农业经济系，并在农业经济系设置了食品系统管理专业，该专业又细分为8个专门专业，除必修课外，还开设了52门选修课，其中很多学科都研究流通领域中的经济管理问题（安希伋，1982）。这一时期农业经济管理学科逐渐建立了一个有机联系的各分支学科体系，特别是农产品市场与流通过程的研究有了很大发展。这一时期农业经济学科被纳入新古典学派一般经济理论，并逐渐建立比较完整的科学体系。

（2）西方农业经济管理学科的理论与方法逐渐成熟。

20世纪50年代后，西方农业经济学科的新发展还表现在更加系统地运用新古典学派的理论与方法，把经济理论同数学方法紧密地结合起来，用数学方法推导与演示的形式进行经济理论分析，后来发展为经济模型分析变量之间的关系为经济决策提供依据。运用新古典学派理论和方法研究农业中的经济问题的著作较多，如弗兰克·艾利思的《农民经济学》中应用了计量经济学模型分析农户行为，并提出"生产函数是一个以某种特定方式把农户产出和农户的一系列生产行为投入联系起来的数学方程"[1]。同时，更加广泛地使用统计方法、系统地使用数学方法作为分析和阐述农业经济问题的工具，把定量分析方法既用于农业生产经济学的微观经济研究，也用于宏观经济的研究。

这一时期农业经济学科的相关理论发展较快，尤其是美国农业经济学科的著作、农业经济学科的教科书等提倡实行教育、科研和推广三结合的体制（安希

---

[1] ［英］弗兰克·艾利思. 农民经济学［M］. 胡景北，译. 上海：上海人民出版社，2006.

仅，1982）。西方农业经济学发展到了这一阶段，已经逐步建立起一个有基础理论、有科学方法、有互相密切联系而又各自具有独立研究对象的一系列分支学科的科学体系（安希伋，1983）。

（四）世界农业经济管理学科变革期

进入21世纪的这一时期农业经济管理学科已经在全球各个国家受到重视，并逐渐发展、成熟与繁荣。各国农业经济管理学科的科学技术、学术研究等互相借鉴。

1. 农业经济管理学科研究领域与方法有所突破

21世纪世界性的农业科技革命、经济发展的大趋势已经明显表现出生物技术革命和信息技术革命，同时，WTO条款成为世界各国共同遵守的、具有普遍约束力的贸易规则（孔祥智，2000）。在这一时期，面对这两大趋势，农业经济管理学科也随之在各方面产生了极大的变化。

（1）世界农业经济管理学科的学术研究领域扩大与研究方法多样化。

进入21世纪后，世界农业经济管理学科的学术研究领域关注的热点问题已经由发达国家转向发展中国家。在一些主流国际农业经济学术期刊及相关国际会议上，发达国家研究者研究发展中国家农业经济问题的成果占了较高的比重（陈随军，2004）。这一时期，美国的农业经济管理学科发展较快，美国农业经济管理学科的发展和美国农业产业、农村社区发展及农业产业所面临的整个外部环境的变化紧密相关，随着农业产业和政策性需求发生变化，学科也相应发生了变化，这种变化体现了美国农业经济管理学科发展的灵活性和不断调整的能力。

这一时期，随着农场规模的扩大、农业产业不同环节的高度专业化、农业产业边界的模糊和农业产业的企业化运作的变化，使管理和市场运营变得越来越重要，导致农业经济管理学科突破了传统的农场管理和市场价格分析的主要领域，从整个产业链的角度对农业产业进行管理。随着气候及环境变化对全球性的影响，农业经营逐渐考虑对环境的负面影响和贡献，农业政策的关注点也发生相应变化，农业经济管理学科从农业领域开拓了自然资源和环境新领域（陈风波，2013）。

进入21世纪后，农业经济问题的研究方法逐渐采用多样性分析方法，各国学者和国际研究机构在农业经济研究中广泛采用以现代数理经济学和计算机技术为基础的计量经济模型与分析方法，十分重视实证或案例分析（陈随军，2004）。我国农业经济管理学科采用计量经济模型分析方法大致分为学习引进阶段、消化吸收阶段和跟踪模仿阶段（祁春节，2010）等发展过程。

（2）世界农业经济管理学科人才培养目标有所变化。

第二次世界大战后，随着美国、加拿大等北美国家整体经济实力快速提高，经济学科理论和实践研究逐渐位居全球前列，农业经济管理学科也在时代变迁中逐渐扩大或转移研究内容，纷纷修改系科名称以便应对时代变化，美国、加拿大有经济学（含农业经济学）博士点的相关院系有 190 个，其中，农业经济及相关学科共 35 个，占总数的近 1/5（周应恒，2009）。这些变化充分说明了农业经济管理学科在整个经济学科研究中所处地位非常重要。

1997 年之后，美国农业经济学博士研究生培养数量开始下降，但一般经济学学科的博士学位授予数量同期则处于上升阶段。农业经济学科学术研究的问题从传统的农场经济问题转向更为一般的应用农业经济问题，例如自然资源和环境经济学，而不再局限于农业领域。从政策角度来看，关于食品安全、环境变化和相关政策问题已经成为农业经济学科重要的研究领域与研究方向。2008 年美国农业经济学会进一步更改为农业与应用经济学会，其目的是使该组织成为农业、发展、环境、食品和消费者、自然资源、区域发展和农村相关的应用经济学和商业等专业知识的研究和传播的领导机构（陈风波，2013）。

2. 农业经济管理学科发展呈现宽视野广领域特征

这一时期农业经济管理学科发展较快，变化与变革也较大，许多国家的农业经济管理学科得到迅速发展，具有代表性的是北美与欧洲一些国家。

该发展阶段全球化成为世界经济发展的大方向，使得农业生产者能够融入全球的大市场，随着农产品贸易纳入 WTO 框架，农产品加工、流通、贸易、原材料供应等领域跨国公司的出现，使得研究的视野越来越国际化（周应恒，2009）。这一时期，美国农业经济管理学科以农业经济和经营分析的研究为主，把一般经济学新的理论导入与应用作为基础，这使得美国农业经济管理学科研究生课程中涉及经济学科的课程占 1/3～2/3（金龙勋，2014）。

进入 21 世纪农业经济管理的内涵从最初的农场农业生产到农业经济管理再到现在逐渐扩大的涉农产业、资源环境、食品消费等问题的关注，农业经济管理逐渐由农业生产转向对可持续发展的高度关注（周应恒，2009）。

欧美的农业经济管理学科的成功转型的各方面转变表现为：从欧美国家的研究重点来看，其特点是从政策研究为重心转移到市场研究为重心，以政策研究为重心的传统农业经济学科在萎缩，新型的以企业研究为重心的农业经济学科兴起，并成为农业经济学科发展的新方向；从欧美国家的农业经济管理学科发展实践看，其特点是农业经济学科中对本科生及研究生吸引力最大的专业方向为涉农企业管理及其相关专业，包括食品市场营销等，因为这些专业方向更能满足市场需求（于晓华，2015）。这一时期，农业经济管理学科发展呈现更广的领域和更宽的视野。

二、中国农业经济管理学科发展历史

我国的农业经济管理学科产生与发展始于 20 世纪初期，从农业经济管理学科相关课程的引进到学科相关专业建设、院系设置，从专科教育、本科教育到研究生教育，农业经济管理学科逐渐发展、不断完善、适时革新，并逐渐强大。

（一）中国农业经济管理学科产生的基础

我国农业经济管理学科产生的基础是从农业经济思想，到农业经济实践，然后才有农业经济管理理论的形成与发展，并指导实践的过程。

1. 早期中国农业经济管理学科产生的思想基础

农业经济管理学科是经济学科、自然学科在农业领域中具体应用的基础上产生和发展起来的。农业经济管理学科应当密切结合农业特点阐明本学科的基本规律在农业领域内的特殊表现形式、农业领域内存在的特殊规律和具体经济规律（张仲威，1991）。本书的农业经济管理学科的含义所表达的主要观点认为农业经济管理学科是涵盖经济学、管理学、社会学和农学等的综合性学科（田玉英，2015），农业经济管理学科主要为经济学、管理学、社会学与农学等学科的交叉学科。

（1）农业经济实践逐渐发展促进了农业经济思想的形成。

我国的农业经济管理学科是理论与实践的有机结合，农业经济实践早于理论形成，农业经济管理学科的建立与发展离不开农业经济实践，且学科产生与发展是随着实践中存在急需解释和解决的问题而产生与发展起来的。

我国是世界上农业发展最早的国家之一，农业的起源可以追溯到没有文字记载的史前时代。我国古代经济的发展是以越来越快的步伐前进的，旧石器时代经历了上百万年的漫长道路，新石器时代只有几千年。我国大约在新石器时代晚期出现了农耕业与游牧业的分野（冯开文，2008 年）。在我国社会文明早期发展过程中就存在着两种农业耕作体系，即黄河流域以粟作为主的旱田农业耕作体系和长江流域以稻作为主的水田农业耕作体系。随着社会文明不断发展与王朝的更替，每一个时期的农业经济发展都有一定的特点，也都遵循着中国传统文化、社会进步、农业发展与经济增长的共同规律。

　　（2）农业经济思想的产生与发展。

　　我国农业经济思想可以追溯到远古时代，农业经济思想在奴隶社会、封建社会时期就已经形成，体现在春秋时期的孔子和孟子的著作中，在他们的论著中多处论及农业经营、土地制度和农业经济发展、安定民生等问题的论述。战国秦汉时代铁器牛耕的推广使得黄河流域中下游的农业发展实现新的飞跃，表现为旱地精耕细作体系形成，大型农业水利灌溉工程也开始兴建，战国末期的一些著作中，在宏观方面主要强调富国安民，必须以农为本，重农抑商和减轻农民的租税负担；在微观方面主要强调发展农业生产必须善于利用天时、地利，改良农业技术，并精心管理（冯开文，2008）等农业经济的实践与思想，这些方面都是我国早期农业经济思想与农业经济管理实践的具体体现，这充分说明了我国在较早时期就产生了农业经营管理的思想与观念。

　　2. 农业经济管理学科发展的实践基础

　　我国农业经济管理学科是随着近代农业经济的实践而产生与发展的，由于农业经济思想的逐渐成熟促使农业经济管理学科的形成。

　　（1）农业经济管理学科产生的实践基础。

　　近代的农业经济思想影响着农业经济发展与农业经济管理学科的萌芽。在该时期由于帝国主义的入侵加快了农业经济的变化，我国受到外来思潮严重冲击的思想家们开始思考寻找解救中国的良方，影响中国千余年的农业经济思想领域开始发生巨大变化（冯开文，2008）。

　　农业商品经济的发展远在西汉时期，在"丝绸之路"上就往返着中西各国商人的贸易往来。清代前期的农业发展中出现了雇用劳动者从事商品生产获取利润的佃富农和经营地主（黄希源，1986）。在鸦片战争爆发后，出现了重农抑商思想，龚自珍、姚莹、包世臣和魏源等坚持重农抑商的主张，认为农业是最主要的经济部门（冯开文，2008）。龚自珍在著作《农宗》中提出解决流民与土地问题的主张（黄希源，1986）。此外，在19世纪末20世纪初，由于一些资本主义国家控制我国的部分农业生产并掠夺农产品，刺激了农产品商品化，从1893年到1930年，农产品原料出口数量迅速增加，出口贸易总值从15.6%增加到45.1%（黄希源，1986）。

（2）农业经济管理学科的产生与发展。

19世纪末期，资本主义国家的一些专家已经开始对中国农业进行调查研究，日、英、美等国对东北的大豆、河北的棉花、山东、河南、安徽等地的烟草等作物进行考察，并进行研究（黄希源，1986）。这些活动为农业经济管理学科的产生提供了基础。这个时期中国农业经济管理学科处于初步萌芽的状态。

形成共识的说法认为：中国农业经济管理学科的最早产生于许璇教授在1914年将农业经济管理相关课程在我国的开设，之后我国的农业经济管理学科约于20世纪20年代形成。早期主要是一些经济学家，包括不少外国经济学家，用西方农业经济学的观点来考察中国农村生活、研究中国农村经济问题。20世纪30年代以后，农业经济学的研究和课程的讲授先后在中央研究院社会科学研究所、中山文化教育馆、南开大学经济研究所以及金陵大学、浙江大学、中央大学等机构中展开，许璇、梁庆椿、吴文辉、章植等先后发表了较多有关农业经济学概论、土地问题、佃农问题等论著。

这一时期，毛泽东的《中国社会各阶级的分析》等文章（中共中央党校教务部，2002）的发表，为应用马克思主义的观点和方法研究中国农村经济问题展开了新的一页。在中国共产党领导下，有陈翰笙、薛暮桥、孙晓村等人士为成员成立了中国农村经济研究会，并对中国农村经济问题进行详细的调查研究。1949年中华人民共和国成立以后，新中国早期的研究主要受苏联农业经济学科发展的影响。在改革开放之前，农业经济以计划经济为主，经与权的结合既是陈云农业经济思想的重要特征，也在当时的历史条件下发挥了积极的作用（李嘉树，2019）。1980年以后，结合我国农村经济体制改革和"三农"发展的实践，我国的农业经济学相关学术研究有了新的进展。

（二）中国农业经济管理学科发展阶段划分

1913 年许璇教授从日本东京帝国大学留学回国后，于 1914 年在国立北京大学校农科开设农业经济管理学科相关课程，1914 年农科大学改称北洋政府教育部直属的"国立北京农业专门学校"，从此，我国的农业经济管理学科教育事业正式开始。农业经济管理学科发展自开设农业经济管理相关课程以来已有 100 年之余的历史，为了厘清该学科发展历程，将农业经济管理学科划分为 4 个主要阶段。通过回顾农业经济管理学科发展的百年历程，总结学科与专业发展规律，分析其发展趋势。

1. 中国农业经济管理学科发展阶段划分依据

（1）国家重大决策、重要部署、政策演进与制度变迁。

在农业经济管理学科产生后到 21 世纪 20 年代，中国社会经济发生了较大的变化，随着社会经济的发展、国家的重大发展战略部署、国家的经济发展制度、政府"三农"相关政策的出台、重要决策的实施与重要事件的发生，使得农业经济管理学科研究方向、专业设置与人才培养不断与之相适应，发生着一系列的变化。所以，依据国家层面的这些政策与制度变化，而引起不同时期的农业经济管理学科的发展与变革，对农业经济管理学科发展进行不同阶段划分，每一个学科建设与发展阶段都体现了国家社会经济发展的重要事件、政策与制度的变化。

（2）学科相关学术研究的动向与专业设置的变动。

农业经济管理学科建设离不开社会各界专家学者的关注，更离不开国家的教育教学政策与制度，所以，在不同阶段从事农业经济管理学科相关学术研究的专家对该学科相关问题的研究方向不同、侧重点不同，就说明社会需要解决的农业经济管理的热点问题和焦点问题不同。因而，依据农业经济管理学科专家学者的研究方向的不断变动来划分农业经济管理学科发展阶段也较具权威性。

同时，国家教育部出台的指导性文件及学科专业目录的调整都标志着农业经济管理学科建设的趋势与方向，每一次学科专业目录的调整都说明已有的专业目录不适应社会经济发展对人才培养的要求，所以无论是学位授予的学科调整、专业目录的调整，还是课程体系与教学内容的调整都是为了适应社会经济发展需求的，也说明了农业经济管理学科建设与发展离不开社会经济发展的需求，每一次文件出台、学科与专业调整也标志着农业经济管理学科建设的不同侧重点。

2. 我国农业经济管理学科阶段划分

综合考虑学科发展状况、"三农"相关政策演进、农业经济管理学科相关学术研究、学科教育教学制度不断改革、学科相关教育教学研究、社会对该学科人才需求的变化趋势等方面的综合因素，从 1914 年农业经济管理相关课程的开设到 2020 年，将我国农业经济管理学科的产生与发展历程共划分为四个发展阶段。

（1）农业经济管理学科初创期（1914～1949 年）。

农业经济管理学科初创期是从我国第一次在高等院校引进农业经济管理学科相关课程开始到中华人民共和国成立，即从 1914 年到 1949 年，历时 35 年。

这一阶段国内高校较少，在较为著名的高校中有许多学科、专业、课程都具有先行先试的特征。于 1914 年国立北京大学校农科大学（1921 年改为国立北京农业专门学校，为北京农业大学的前身）开设了农业经济这门课程，后来在 1920 年金陵大学（南京农业大学前身）设立了农业经济管理专业，相继 1921 年国立北京农业专门学校也设立了农业经济管理专业。同时，在这个阶段部分高校设立了农业经济系，如 1927 年在国立北京农业专门学校和浙江大学都设立了农业经济系。该时期农业经济管理学科建设为初创阶段。

（2）农业经济管理学科逐渐成熟期（1950～1980 年）。

农业经济管理学科逐渐成熟期（以下简称成熟期）是从 1950 年到 1980 年，历时 30 年。这一阶段在上一阶段农业经济管理学科建设奠定了学科基础的条件下，通过各方面不断建设学科逐渐走向成熟。在 1952 年金陵大学也设立了农业经济系，在这一时期农业经济管理学科基本成熟，主要表现在教学计划与教学大纲的成形，教育部组织全国各地农业经济管理学科专家编写了教学计划，有了较为完整的教学大纲。之后在该学科逐渐建设过程中，学科培养人才层次逐渐提高，最初设立该学科的高校从农业经济管理学科本科生培养开始发展到该学科的硕士生与博士生的培养，这一时期随着农业经济发展实践与国家政策制度的变迁，农业经济管理学科建设逐渐成熟。

（3）农业经济管理学科快速发展期（1981～2000 年）。

农业经济管理学科快速发展期（以下简称发展期）从 1981 年到 2000 年，历时 20 年。在前两个时期学科建设的基础上，这一阶段农业经济管理学科得到了快速发展，这与我国农村改革制度的推行关系密切。新中国成立后最初的改革是在农村，在1978年开始试点实行农村家庭联产承包责任制，1980年农村家庭联产承包责任制在全国推行，该制度的实施不仅意味着农村、农业、农民（简称"三农"）问题的历史性转变，也标志着农业经济管理学科建设的成效与快速发展。

这一时期不仅仅是农业的发展受到社会各界的重视，还使得无论是农业经济管理学科研究方向、研究热点，还是该学科专业招生、人才培养都达到快速发展的阶段。南京农业大学在1985年开始招收农业经济管理学科博士生。中国农业大学从1981年开始招收农业经济管理学科研究生，1986年开始招收农业经济管理学科博士生。浙江大学在1990年开始招收农业经济管理学科博士生。

我国从1982年到1986年连续5年出台5个中央一号文件，在5个中央一号文件中有3个是围绕着农村建设与改革而出台的具体政策与意见，包括1982年、1983年、1984年。1982年中央一号文件主题为《全国农村工作会议纪要》，正式推行包产到户，文件提出，包产到户、到组，包干到户、到组，都是社会主义集体经济的生产责任制，明确"它不同于合作化以前的小私有的个体经济，而是社会主义农业经济的组成部分"。1983年中央一号文件为《当前农村经济政策的若干问题》，主要提倡放活农村工商业，提出了"两个转化"，即促进农业从自给半自给经济向较大规模的商品生产转化，从传统农业向现代农业转化。1984年中央一号文件为《关于1984年农村工作的通知》，主要强调"发展农村商品生产"，着力解决农业和农村工商业微观经营主体问题。1985年的中央一号文件为《关于进一步活跃农村经济的十项政策》，取消统购统销，至此，30年来的农副产品统购统销制度被取消。1986年的中央一号文件为《关于1986年农村工作的部署》，主题是增加农业投入，调整工农城乡关系。这些关于"三农"的政策与策略都是围绕解决"三农"发展实践问题而提出，在"三农"发展实践与"三农"政策的推动下，农业经济管理学科也得到了快速发展。

（4）农业经济管理学科改革与转型期（2001～2020年）。

农业经济管理学科改革与转型期（以下简称转型期）是进入21世纪之后到2020年，历时20年。这一时期，随着改革开放制度与政策的实施，我国经济发展突飞猛进，因而，经济学科与管理学科中的二级学科会计学、财务管理、金融等学科发展较快，同时社会经济的快速发展，社会对这些学科专业培养的人才需求加大，这些学科与专业迅速发展壮大，这势必给农业经济管理学科建设造成挤压，形成该学科建设与发展新的挑战，农业经济管理学科建设的方方面面需要革新与转型。

从2004年到2020年连续17年出台17个中央一号文件，在17个中央一号文件中有7个是围绕着农村建设与改革而出台的具体政策与意见，包括2005年、2006年、2007年、2010年、2014年、2018年、2019年。2005年出台的中央一号文件提出农村建设工作的紧迫性；2006年出台的中央一号文件提出建设中国社会主义新农村的重要建议与措施；2007年出台的中央一号文件进一步强调了新农村建设与现代农业的关系。2010年出台的中央一号文件提出了农业发展与城市发展需要统筹。2014年出台的中央一号文件再一次强调了农村改革的重要性。2018年出台的中央一号文件强调实施乡村振兴战略是解决人民日益增长的美好生活需要和不平衡不充分的发展之间矛盾的必然要求，是实现全体人民共同富裕的必然要求。2019年出台的中央一号文件坚持农业农村优先发展的策略。

17个中央一号文件中有11个文件与发展现代农业有关。2005年、2007年、2008年、2009年、2011年、2012年、2013年、2014年、2015年、2016年、2017年的中央一号文件都是围绕着提高农业综合生产能力、建设农业现代化、发展现代农业、农业供给侧结构性改革等问题展开的。

17个文件中有三个文件是关于农民增收问题的，2004年中央一号文件专门强调农民增收问题；2008年中央一号文件又强调了进一步促进农业发展与农民增收；2009年中央一号文件又强调实现农民持续增收的目的。

通过国家对解决"三农"问题的政策与策略，可以判断"三农"的重点与热点虽然在不断变更，但是无论是重视农村问题、农业问题，还是农民问题，这些归根结底是农业经济问题，这些"三农"实践的新问题、新矛盾，解决"三农"的政策与举措都促使农业经济管理学科的进一步革新与转型。

第二章 "三农"政策演进与农业经济管理学科发展

本章主要梳理百余年来各个时期农业经济管理学科相关"三农"的政策、制度与文件精神，包括两节内容，第一节分析农业经济管理学科初创期与成熟期"三农"问题的相关政策演进与制度变迁，第二节分析农业经济管理学科快速发展期与转型期"三农"问题的相关政策与制度演进。

第一节 学科初创期与成熟期"三农"相关政策与制度

本节内容涉及农业经济管理学科初创期与逐渐成熟期两个阶段的"三农"问题相关政策演进与制度变迁，农业经济管理学科初创期从 1914 年到 1949 年，历时 35 年；农业经济管理学科逐渐成熟期从 1950 年到 1980 年，历时 30 年。农业经济管理学科在这两个阶段完成了初创建设，并随着社会经济发展逐渐成熟。

一、学科初创期"三农"相关政策与制度

我国虽在古农书中已有关于农业经济的记载，但还不能认为是真正意义上的农业经济管理学科产生，农业经济管理学科作为一门独立的学科，是从 1914 年许璇教授在国立北京大学校农科开设农业经济课程，之后从 1920 年正式培养农业经济管理学科专门人才开始，逐渐产生与形成了农业经济管理学科。这一时期农业经济管理学科的产生与发展受农业经济发展实践与相关政策制度的影响。

（一）解决"三农"问题的重大决定

在这一阶段，随着农业生产、农业技术与农业经济实践的不断发展，农村、农业和农民（简称"三农"）的主要矛盾、关键问题，以及解决"三农"相关问题的政策与制度也逐渐增多，并随着"三农"实践发展需求的变化相关政策的侧重点逐渐进行转变。

1. 农产品商品化实践与政策

发展中国家在经济发展的初期，农业是国民经济的主要产业，农产品贸易在促进该国经济发展中扮演着重要角色（徐育珠，1988）。我国的农产品贸易的开始使得农产品商品化程度逐渐提高，这些农业相关领域的发展实践推动农业经济管理学科在农产品商品化过程中的理论、实践与政策演变。

（1）农产品商品化发展实践。

这个时期农业经济管理学科在我国的发展分为民国阶段和新中国成立后的历史阶段（张仲威，1991）。从1914年开设农业经济课程到20世纪20年代开始招收农业经济管理学科专科生与本科生，从国立北京大学校农科开始开设农业经济管理相关课程到北平大学、金陵大学、中央大学先后成立农业经济系。学科发展水平随着农业经济政策的演进与制度的变迁而发生变化。

任何农业政策的演进与制度的变迁都是应对实践发展的需求，而且任何农业制度变迁与政策的演进都具有特定的外部环境。这个时期内20世纪20年代，农业生产的商品化程度不断提高，农产品出口量与国内流通量都在增加，据统计，1921～1925年，华北、华东的7个省17个县生产的农产品有52.6%在市场上出售，1923年东北地区农产品商品率达到41%。这些地区农业经济比较发达，农产品商品化程度较高（冯开文，2008）。安徽、河北、河南、陕西、浙江、福建、江苏7个省在1921～1925年小麦等主要农产品的商品率都比较高，相关数据如表2-1所示。

表2-1 安徽等7省各种农产品的出售率

单位：%

农产品种类	出售率	农产品种类	出售率	农产品种类	出售率
小麦	52.5	糯稻	95.4	山薯	31.1
高粱	21.9	大豆	44.0	棉花	30.8
谷子	26.6	油菜籽	99.1	蔬菜	73.7

资料来源：黄希源. 中国近现代农业经济史［M］. 郑州：河南人民出版社，1986：137.

从表2-1显示的1921~1925年7个省份的各种主要农产品出售率来看，出售率最高的农产品是油菜籽，高达99.1%，糯稻出售率也高达95.4%以上，经济作物中蔬菜的商品率在70%以上。这个时期一些经济作物种植比较集中的区域，经济作物种植面积在不断扩大，但是粮食生产不能自给，需要从外地购进，这极大地促进了粮食商品化程度的提高，全国性的粮食市场逐渐形成（冯开文，2008）。随着农产品对外贸易的扩大和国内市场的扩张，中国农业生产逐步走上专业化生产的道路，原来起源于中国的豆类、蔬菜、果树等经济作物最初聚集于东部和南部，形成经济作物的集中生产区，后来陆续传播到世界各地，为丰富人类的物质生活做出较大贡献（董恺忱，1983）。顺应农产品商品化实践发展需求，相关农业经济政策也不断出台。

（2）北洋政府出台相关法律鼓励农业多元化经营。

这个时期虽然商业性农业的发展较快，但是其发展并不是建立在生产力迅速发展的基础上，而是主要以牺牲广大贫苦农民的必要劳动量来维持发展（黄希源，1986）。民国时期的1913~1915年，北洋政府提出农业实行"保育主义"，对种植棉花、甘蔗、甜菜，以及养殖业给予奖励和补助。同时，在这个时期北洋政府陆续制定、颁布了一系列农业法律法规，运用法律手段推动传统农业的改造。

1914年，北洋政府农商部颁布了《植棉制糖牧羊奖励条例》，极大地调动了种植棉花、甘蔗、饲养绵羊等种养业经营行为的积极性，随后又颁布了《森林法》，以规制与奖励等激励方法鼓励在黄河、长江、珠江上游地区营造"保安林"，以保护生态环境。1924年，农商部又训令上海茶叶会馆竭力改良茶叶种植和制作方法，以期增加茶叶产量并出口美国。这些政策的出台和实施具有一定的积极作用，在相关政策的指导下，大大促进了农业经营的多元化，并为工业的发展提供了丰富的原材料，同时还保护了生态环境。

2. 中国共产党制定相关政策保护农民权益

在这一阶段，中国共产党极力保护广大农民的权益，在1922年7月16日至23日召开的中国共产党第二次全国人民代表大会颁发的《中国共产党第二次全国代表大会宣言》中指出：当前的中国革命性质是民主主义革命；革命的动力是无产阶级、农民和其他小资产阶级，民族资产阶级也是革命的力量之一；革命的对象是帝国主义和封建军阀；革命的前途是向社会主义革命转变。党的最高纲领是：组织无产阶级，用阶级斗争的手段，建立劳农专政的政治，铲除私有财产制度等。这时就将农民作为重要的革命力量，并提出铲除私有财产制度的策略。

在1925年召开的中国共产党第四次全国人民代表大会通过了《对于农民运动之议决案》（以下简称《决案》），《决案》中指出了工农联盟问题，具体内容包括：农民是无产阶级天然的同盟者，无产阶级及其政党若不去发动和组织农民斗争，无产阶级的领导地位是不可能取得的。

3. 农业生产要素的实践与政策

这一时期，"三农"实践中农业生产要素的投入较受重视，这里农业生产要素主要包括农业生产技术、土地、劳动力等，相应的政策也较多。

（1）农业生产要素投入实践。

该阶段农业生产技术改进成绩较突出，技术应用较广泛，主要包括农作物优良品种的引进、农用机械的进口与制造等。

具有代表性的引种企业家是上海市的穆藕初先生，他在1914年建立植棉试验场，1917年联合纺织业资本家聂云台、吴善卿，发起成立"植棉改良社"，购买美国棉种，推广到多个省份，到1936年洋棉的种植面积与产量分别占到52%和51%（冯开文，2008）。这个时期小麦等作物的选育和引种也具有较大成效。

20世纪初到20世纪30年代，农机具的引进逐渐增多，引进新式农机具的一大部分是属于在东北开设农场的日本人所有。在进口农机具的同时，中国也开始制造农机具，在1925年后上海市的一些工厂开始制造农用内燃机和其他农机具，于1929年苏州建立了省立农机制造厂，生产柴油机、火油机、抽水机、打稻机、条播机等农机具（冯开文，2008）。这个时期国立中央大学农具制造所、河北省农具改良制造场、河南省农工器械制造厂等机械制造厂都相继开始生产与制造各种各样的农机具。

（2）农业生产要素相关政策制度。

这个时期较为重视农业要素中的土地问题，相应的关于土地方面的制度与政策出台也较多。

1）北洋政府关于农业生产要素的制度与政策。

这个阶段，北洋政府重视土地的开发利用问题，政府农商部在1914年3月制定了《国有荒地承垦条例》，1914年11月又制定了《边荒承垦条例》，将全国荒地按肥瘦程度不同分为五个等级，从优定价，并规定凡是中华民国国民均可依法承垦，如能将荒地提前开垦完毕，可以按年限减收地价（冯开文，2008）。

北洋政府对农垦工作的重视程度表现为：一是当时专门派官员到热河、察哈尔、绥远、黑龙江等省进行指导工作；二是授权边远省份自行拟定承垦章程，报经农商部核准后实施。因此，在这个阶段一些地方性的土地垦荒与利用章程陆续出台，如《黑龙江招垦规则》《黑龙江放荒规则》《吉林全省放荒规则》《绥远清理底模张承》《奉天试办山荒张承》等制度，在这些政策与制度的引导和指导下，农垦事业发展迅速，1912~1921年，东北地区的农业得到极大发展，来自不同地区并定居下来的移民开垦了较多面积的荒地。

但是从民国初期到抗战前由于军阀的纷争，兵役和田赋的压力也阻碍了农村经济的发展（李飞龙，2013）。1924年孙中山在《中国国民党第一次全国代表大会宣言》中的观点表明对中国土地问题的认识明显提高，主要表现在开始认识封建土地所有制阻碍着农村生产力的发展，开始重视广大农民要求得到土地的强烈愿望等问题。他强调要解决农民的痛苦，归根结底是要使耕者有其田。因此，在解决土地的纲领文件和具体措施方面，提出农民之缺乏田地沦为佃户者，国家应当给以土地，资其耕作的具体规定。这些政策也极大地调动了农民的积极性，促进了农业生产力的发展（黄希源，1986）。

1930年依据孙中山"平均地权"和"耕者有其田"的思想，颁布了《土地法》，提出使地尽其用、人民有平均享受使用土地的权利的指导意见。该意见规定限制地租率，并对经过改良的田土实行低税政策，既减轻了农民负担，又通过用税收杠杆激励农民耕种荒地、改良土壤、提高地力。但是该法律规定了实行法另行制定条款，因此，在1936年公布了《〈土地法〉实行法》后，接着在1937年抗日战争全面爆发，该法令被搁置实行。

2）中国共产党关于农业生产要素的相关政策。

在1927年召开的中国共产党第五次全国人民代表大会通过了《土地问题决议案》，并提出了土地革命的要求，规定了将土地无条件地转给农民的原则。1928年召开的中国共产党第六次全国人民代表大会提出了党在民主革命阶段的十大政治纲领，其中第七个纲领的主题为没收地主阶级的一切土地，耕地归农民所有。

1928 年中国共产党召开第六次代表大会，讨论了土地问题，并通过了《农民运动决议案》和《土地问题决议案》，对土地政策作了一些重要规定，系统地提出了解决土地问题的意见（黄希源，1986）。1929 年又制订了《兴国土地法》，纠正了一些关于土地革命对象的错误，明确了土地革命打击的对象。这些政策极大地保护了农民的权益，打击了地主阶级的霸权行为。

（二）解决"三农"问题的具体举措

这个时期除了出台一系列有利于农业发展的政策，还通过建立相关法律法规来规范农业经营行为与保护农业经营者的行为，同时出台相关具体举措保障了政策与制度的实施。

1. 鼓励国民开垦荒地策略

农业经济要得到真正的发展，首先取决于农业的状况，尤其在这个阶段耕地少是制约农业经济发展的主要因素，从 1873 年至 1933 年，全国人口增加 31%，而耕地面积仅增加了 1%，人均耕地面积不足 0.16 公顷，如果依据国外专家所估计的每人需耕田 1.01 公顷（1 英亩等于 0.405 公顷，1.01 公顷为 2.5 英亩）方能维持最低生活，我国人均耕地与维持最低生活水平的耕地要求相差较大（方显廷，1938）。通过上述梳理政府鼓励农民开垦荒地的一系列政策与制度，以及鼓励地方政府自行制定开垦荒地的地方政策，可以显现土地开垦成效显著，范围逐渐扩大，边远地区逐渐得到开发。

2. 鼓励种植经济作物，实行多元化经营

这一阶段，通过出台一些政策与奖励制度，积极引导经营者实行多种经营，并大力发展经济作物，如造林者可以获得 5~30 年的奖励或租税。因此促进了经济作物种植与畜牧养殖等多元化农业经营与发展，同时促进了生态环境建设。这一阶段生存需求与生态环境不断影响着农民的经济行为，环境因素在经济抉择中扮演了比市场激励更重要的角色，而且生态环境、市场刺激与农民反应在整个生态系统中都是既非单一的变量，也非单向作用的因素，而是相互交叉并与其他因素相互作用，并由此推动了一些地区农业经济的转型（张瑞静，2011）。

3. 大兴农田水利建设

这一时期，影响农村经济的因素归纳为农业环境、农业组织与农业技术三类

（孙智君，2007），农业技术及其设施建设成为决定农业能否发展的重要因素之一，该因素历来受到较大重视。1931年，国民政府迅速开展水利建设，由全国经济委员会统一领导水利工程建设，并专门成立了4个水利委员会，分别为华北水利委员会、黄河水利委员会、长江水利委员会、淮河水利委员会，分别负责治理几大区域内的河道，各省则由省政府所属建设厅负责地方水利工程建设。据统计，1927～1937年全国共完成13个灌溉工程计划，耕地受益面积达到600多万亩，农作物收成增加明显（冯开文，2008）。该阶段的农业经济得到快速发展。

4. 建立农村金融机构与加强农贷

为了解决农村资金短缺问题，国民党政府在金融支持农村经济方面采取了很多策略。1930年，在南京农村金融讨论会上通过了"农业金融制度计划""修正农业金融制度及实施方案"等决议案，这些决议都建议加强农村金融组织建设和农贷工作。1933年建立了豫、鄂、皖、赣四省农民银行，两年后改组为中国农民银行，使之成为全国性的农村金融机构。1936年国民政府又设立了农本局，以调剂农村金融，促进农产品运销，与中国农民银行一并成为国家专门的农业金融机构。1936年，在中央、省、县三级设立隶属于农本局的"合作金库"，以便进一步控制农村金融业，在全国范围内初步形成农业金融网络（冯开文，2008）。

（三）农业经济发展实践与相关政策为学科发展奠定了基础

这一时期，农业经济实践发展较快，在农业经济相关实践过程不断提出新问题，促使了"三农"政策与制度不断演变，农业经济发展实践与相关政策制度变迁促进了农业经济管理学科的建立与发展。

1. 农业试验机构逐渐建立

为了适应农业经济发展实践的需求，通过积极创立农业学校，培养科技人才，推广新式科技，并设立农业试验机构，从事研究、培训、试验与技术推广、农业改良、农产品病虫害防治等农业科技相关工作。

20世纪30年代，南京政府先后设立了中央农业试验所、全国稻麦改进所、中国棉产改进所等农业科研与技术研发机构，在各省、县均设立相应的农业试验机构及其他科研机关，从事农业科技开发与研究。此外，在中央大学、中山大学、北京大学、金陵大学、清华大学等高等院校陆续增设农学院，与各级农事实验机关共同开展农业科学研究与推广工作。在1933年中央农业试验所农艺系开始开展大规模的水稻育种工作，在 12 个省 28 个合作试验场进行品种比较试验。到 1946 年共培育水稻良种 300 余种，并推广 100 余种，平均亩产增产 59 斤左右（冯开文，2008）。这一时期，农业科技得以发展，农业生产效率提高。

2. 农业科技教育与培训受到重视

1934 年，全国经济委员会成立了棉业统制委员会、蚕业改良委员会，在陕西、河南、湖北、山东、浙江、安徽等省大力推广美棉，效果较好。

同时，在这个时期农业相关部门对于化肥生产与农药生产也较为重视，在防治病虫害方面，农业科研机构、高等院校开展科学研究，提炼了许多可行的病虫害防治技术，对于农业生产起了较大的作用（冯开文，2008）。这个时期农业经济管理学科开始了教育教学的课程设置、教学机构与研究机构的建立，农业经济管理学科从产生到初步得以发展。

二、学科成熟期"三农"相关政策与制度

本部分内容主要梳理 1950～1980 年解决"三农"问题的重大政策演进与制度变迁，以及"三农"政策与制度对农业经济管理学科发展的影响。

（一）解决"三农"问题的重大决定

"三农"问题的政策演进与制度变迁包括新中国成立后到改革开放前的阶段，以及改革开放后到 1980 年的阶段，分两个时间节点分别进行梳理。

1. 新中国成立后到改革开放前"三农"政策与制度的特点

新中国成立后，社会主义计划经济体制刚建立，这个时期国民经济发展的重点工作是继续建立完整的工业体系，农业仍然处于支持工业、农村处于支持城市建设的地位，政府对农业的政策是采取扶持政策，并且是完全的计划经济体制下的农业政策。

（1）农业生产要素土地集体所有权的确定。

新中国成立后，中国农地制度走过了一段较长的变化过程（许筠，2011），各阶段的制度变迁中，只有诱致性变迁以及具有诱致性变迁特征的制度变迁，才能代表农民的意愿（张红宇，2002）。这个时期的农业政策在扶持的基础上实行集体所有制经济，实现了土地的私有到集体所有的根本性转变。因此，该阶段针对土地问题的政策与制度，以及与土地相关问题的政策与制度较多。

1950 年我国政府颁布了《中华人民共和国土地改革法》，该法律规定了土地改革事项，从 1950 年冬季开始，根据各地区的不同情况，在全国分期分批地完成土地相关改革。土地改革的总路线和总政策是：依靠贫农、雇农，团结中农，中立富农，有步骤地有区别地消灭封建剥削制度，发展农业生产。1950 年的土地制度改革规定了土地改革的基本内容，是没收地主的土地分给无地少地的农民，把封建剥削的土地所有制改变为农民的土地所有制。同时，采取保护民族工商业的政策。《土地改革法》将过去征收富农多余土地财产的政策，对小规模土地出租者也采取了保护的政策，不征收其出租的土地财产。

到 1952 年底，除西藏等少数地区外，土地改革在全国农村胜利完成。加上老解放区土地改革，全国大约有 3 亿多无地和少地的农民分得了大约 7 亿亩土地和其他一些生产资料。土地改革的胜利，彻底消灭了封建土地所有制，解放了农业生产力，进一步巩固了工农联盟，为国民经济的恢复和发展，为国家社会主义工业化和对农业社会主义改造创造了条件，极大地调动了农业生产者的积极性，使得农业生产得到迅速发展。

（2）积极开展农业生产互助合作活动。

这个时期积极开展农业合作化，掀起互助合作化运动，1953 年正式通过的《中国共产党中央委员会关于农业生产互助合作的决议》，该决议要求国营农场一方面用优越性的范例，教育全体农民，如改进农业技术和使用新式农具这种现代化农场的经验；另一方面按照可能的条件，给农业互助组和农业生产合作社以技术上的援助和指导（黄希源，1986）。实行合作化（集体化）后，根治了自明朝以来历届政府无法解决的难题——偷税漏税（和贪污中饱），实行农村集体经济组织在经济与政治层面都达到了目的（谭贵华，2013）。

（3）农业财经制度逐渐完善。

1956 年召开的中国共产党第八次全国代表大会明确提出："我们国内的主要矛盾，已经是人民对于建立先进的工业国的要求同落后的农业国的现实之间的矛盾，已经是人民对于经济文化迅速发展的需要同当前经济文化不能满足人民需要的状况之间的矛盾。"这个时期为了解决这些主要矛盾，关键问题是解决经济发展问题，主要目的是改变落后的农业发展方式。应这些客观需求，农业经济管理学科的发展主要是培养农业科技人才，改变落后的生产力。

这一时期农业会计制度、农业社分配制度等农业制度不断完善，1956年为了体现健全农业合作社财务制度的重要性，高级合作社章程里规定的制度表现为：合作社的会计工作要分人负责，一切收支必须有单据证明，会计员凭单据记账，账目必须日清月结，按季、按生产年度公布收支结果，合作社公共财产有专人保管等制度。这时的财务会计制度逐渐健全。同时，农业合作社的收益分配制度也逐渐完善，在分配制度方面兼顾国家利益、集体利益和个人利益。1956年中共中央和国务院出台了《关于农业生产合作社秋收分配中若干具体问题的指示》和《关于勤俭办社的联合指示》等政策与文件要求和强调：做到妥善处理农业社的分配问题（黄希源，1986）。

此外，1956年国务院成立了农垦部，统一领导农垦系统的国营农场，包括中央和省政府系统的国营农场、由部队兴办而集体专营的军垦农场、公安农场及其他系统的农场等。因而，这个时期的耕地面积增加较快。

（4）这个阶段后期逐渐开始革新农业策略。

由于这个时期前期的政策引导，20世纪50年代中国农业取得了较大发展，但是，在60年代后的一段时间，农业遭受了重大挫折。因此，1977年召开中国共产党第十一次全国代表大会，重申在20世纪内把中国建设成为社会主义的现代化强国的目标。这次会议还讨论了农业相关问题，提出农业作为国民经济的基础，就其整体发展来说还十分薄弱，只有大力恢复和加快发展农业生产，才能提高全国人民的生活水平。提出了当前发展农业的一系列政策措施，深入讨论并原则同意《中共中央关于加快农业发展若干问题的决定（草案）》和《农村人民公社工作条例（试行草案）》，这些文件都制定了加强农业的措施。同时，会议还做出了实行改革开放的新决策，推动了农村改革的新进程。

2. 改革开放后"三农"政策的特点

1978年召开的党的十一届三中全会传达了改革开放的重要精神成为社会经济发展的一个历史性转折，随着改革开放制度的确立，农业经济具有良好的发展机遇。

（1）家庭联产承包责任制的指导作用明显。

1978年后在全国范围实行农村家庭联产承包责任制，该农业制度的变革极大地释放了生产力，调动了农业经营者的积极性。1979年9月召开的党的十一届四中全会通过并正式颁布了《中共中央关于加快发展农业若干问题的决定》文件，该文件规定可以按定额记工分，也可以在生产队统一核算和分配的前提下，包工到作业组，联系产量计算劳动报酬，实行超产奖励。通过试验包产到户责任制的效果很好。

1980年9月政府出台了《〈关于进一步加强和完善农业生产责任制的几个问题〉的通知》文件，该政策的出台使得家庭联产承包责任制在全国全面推开。

（2）理清了社会的主要矛盾与加强农业发展的思路。

党的十一届六中全会（1981年）通过的《关于建国以来党的若干历史问题的决议》文件中对社会主要矛盾概括为："社会主义改造基本完成以后，我国所要解决的主要矛盾，是人民日益增长的物质文化需要同落后的社会生产之间的矛盾。"这一矛盾的重新表述更精炼、内容更集中，反映了我国国情在某些方面的变化。

这个时期不断强调加强农业生产力的发展，而且在制度层面首先实行了农村家庭联产承包责任制，使得农民的农业生产积极性极大提高，农民生活得到巨大改善。农业经济管理学科在此改革大背景下，人才培养、科学研究发展非常迅速。

（二）解决"三农"问题的具体举措

在政策与制度的指引下，一系列具有针对性的举措被采用，对于农业经济实践指导与农业经济管理学科发展作用巨大，成效显著。

（1）农村的互助合作运动推动了农业发展。

1950年《土地改革法》实施后，中国农民实现了"耕者有其田"的愿望，并在1950~1956年开展了农村的互助合作运动，中央政府按照"自愿入社、自主经营、自负盈亏、民主管理"的原则组建了供销合作社、消费合作社、信用合作社、生产合作社、运输合作社等多种互助合作社。这些合作社的组建极大地推动了农业生产、购销、流通、消费等环节的顺利进行，也极大地促进了农业发展。

（2）人民公社管理体制促进了规模经营。

1958年后，集体经济替代了个体经济，实行了公社所有制，并逐步形成了"三级所有，队为基础"的形式，即公社一级所有制，以公社为基本核算单位；

公社、大队（管理区）、生产队（原来的高级社）三级所有制，以生产队或生产大队为基本核算单位；公社、大队（原来的生产队）、生产队（原来的生产小队）三级所有制，以生产队为基本核算单位。

人民公社的特点是"一大二公"，"大"的含义是公社化推进了规模化，公社比合作社有了更大的规模，经营的规模与范围也随之扩大。"公"的含义是将人民公社与农村基层政权组织合二为一（政社合一），公有制占主导地位。这个时期的自留地、家庭副业等都收归人民公社所有，规模化经营基本形成。

（3）家庭联产承包制极大地提高了生产力。

1978 年秋天，安徽省凤阳县小岗生产队副队长严宏昌联合 18 户农户实行大包干，1978 年年底，18 位社员签订了一份"生死文书"，摁上了自己的红手印。随着包产到组的发展，一部分生产队暗中开始了"包产到户"，其中就有凤阳县梨园公社小岗生产队，也就是现在家喻户晓的小岗村。

1978 年 12 月召开的党的十一届三中全会为农村改革提供了政策前提，创造了政治环境，给中国农民包产到户的大胆探索提供了政策依据，并为包产到户的全面推开提供了可能性。中国农民以其特有的首创精神，开始试行家庭联产承包责任制。积极推行包产到户的安徽、四川、山东等省很快便取得了显著的效果。1980 年 9 月，中央出台了《关于进一步加强和完善农业生产责任制的几个问题》的通知文件，该文件的相关规定使得家庭联产承包责任制从自发和初步推行进入到大发展阶段，1980 年包产到户开始向全国推广，家庭联产承包责任制的实施极大地促进了生产力的提高。

（三）农业经济管理学科发展逐渐成熟

新中国成立后，农业经济管理学科建设逐渐走向成熟，尤其是在家庭联产承包责任制推行后，随着农业经济实践的不断发展与推进，"三农"政策与制度的不断完善，农业经济管理学科得到健康稳定的发展。

1. 新中国"三农"政策与制度推动农业经济管理学科建设逐渐规范

在 1949 年新中国成立后，随着农业生产要素、农业土地财产制度、农业集体所有制等"三农"实践发展的需求，"三农"相关政策与制度不断进行改革，极大地推动了农业经济管理学科的发展。这一时期农业经济管理学科在教育教学方面取得较大的突破与进展，表现为原北京大学农学院、清华大学农学院、华北大学农学院及辅仁大学农学系合并成立北京农业大学。在 1952 年金陵大学（南京农业大学的前身）农业经济系和国立中央大学农业经济系合并组成南京农学院农业经济系。在 1952 年暑假，中央教育部调集全国各大学农业经济学系教师在北京农业大学集中学习，之后开始全国院系大调整。1953 年教育部颁布了农业经济学教学计划。在 1961 年教育部"高教 60 条"的颁布，使高等教育开始逐步走向正规化。1962 年在南京农学院召开的高等农业院校农业经济专业座谈会上，修订了农业经济学专业教学计划并对教学大纲和教材编写做出规划。

2. 农业经营制度变迁促进了农业经济管理学科逐渐成熟

在新中国成立后，随着土地制度、合作社制度、财经制度、人民公社制度的不断变迁，以及随着 1978 年后大包干的农业实践需求，家庭联产承包责任制逐渐在全国范围推行后，"三农"相关的政策与制度极大地调动了农业经营积极性，同时推动了农业经济管理学科的进一步发展，加之 1977 年后恢复了高考制度，在"三农"相关实践变革、政策制度改革，以及高考等教育制度的变革下，全国各大涉农院校基本上在 1978 年后逐步恢复了农业经济系，农业经济管理学科教育教学开始走上健康的发展道路，农业经济管理学科也逐渐发展成熟。

第二节 学科发展期与转型期"三农"相关政策与制度

本节主要梳理农业经济管理学科快速发展期和改革与转型期的"三农"问题重大决策、政府政策演进与制度变迁，以及对农业经济管理学科发展的影响。

一、学科发展期"三农"相关政策与制度

这一时期是在党的十一届三中全会召开以后的 1981 年到 2000 年，历时 20 年，该阶段步入了经济大发展时期，随着农村经济体制改革的推行，农业经济思想逐步开放，农村经济快速发展，特别是二三产业的兴起，对于农业经济管理学科快速发展影响作用非常大，无论是国家政策的重视程度，还是该学科的研究方

向和侧重点，抑或是高等教育的人才培养目标与人才培养层次都呈现快速发展
趋势。

（一）解决"三农"问题的重大决定

中国作为农业大国，农业经济管理学科发展与国家农业经济发展的关系密不
可分。因而农业经济管理学科发展趋势顺应国家农业经济发展需求，并受国家农
业政策与经济政策的宏观指导。

1. 农村家庭联产承包责任制全面推行

党的十一届三中全会后，农村家庭联产承包责任制的全面推行完善了合作
制，表现为：把集中经营和分散经营适当结合起来，专业化与经济进行联合，统
一核算和包干分配相结合（杜润生，2003）。1982 年 1 月 1 日，中共中央批转
《全国农村工作会议纪要》（简称 1982 年中央一号文件），文件中提到 1982 年全
国农村有90%以上的生产队建立了不同形式的农业生产责任制，包括包工定额
计酬，专业承包联产计酬，联产到劳，包产到户、到组，包干到户、到组等不同
的社会主义集体经济生产责任制形式。不论采取什么形式，只要群众不要求改
变，就不要变动。中央一号文件的出台使家庭联产承包责任制得到了确立，这颗
"定心丸"使那些冒着风险寻找生存之路的农民们得到政策的支持。

从 1980 年我国政府明确提出在农业领域普遍建立各种形式的生产责任制。
1982 年 9 月，党的第十二次全国代表大会在北京召开，会议再次对以包产到户为
主要形式的农业生产责任制给予充分肯定，并提出要把马克思主义的普遍真理同
我国的具体实际结合起来，走自己的道路，建设有中国特色的社会主义。到 1983
年年底，全国农村基本实行了以家庭承包经营为基础、统分结合的双层经营体
制，1984 年我国政府提出土地承包期一般在 15 年以上。

1982 年到 1986 年连续 5 年中华人民共和国中央人民政府每年发布一个以农
业、农村和农民为主题的"第一号文件"（全书简称不同年份的该类文件为中央
一号文件），即连续出台了 5 个中央一号文件，在这些文件中农村家庭联产承包
责任制被逐步深化确认，并在全国推开，农民与土地关系问题得到了划时代的合
理解决。1982 年中央一号文件发布后两年多，全国除个别地区外，绝大多数农
村都实行了不同形式的家庭联产承包责任制，生产制度的改革大大推动了农村生
产力的发展，农业总产值和农民人均拥有粮食量都成倍增加。

此后，多份中央文件确立了农户为农业经营主体，赋予农民长期而有保障的土地使用权和自主经营权，农民的生产积极性迅速调动起来，短短几年农业生产就迈上一个大台阶。以家庭联产承包责任制为主要内容的农村改革极大地解放了农村的生产力，为此后工业经济领域的改革奠定了基础。

2. 乡镇企业身份的确定

中国乡镇企业的发展是农村家庭联产承包责任制实施后的又一大创举，在党的十一届三中全会后，县镇企业开始蓬勃发展，后发展为乡镇企业，其前身曾经历了 20 世纪 50 年代产生、60 年代衰落、70 年代复苏、80 年代又崛起的发展过程，其身份的变迁从农村副业到社队企业，直到发展成为乡镇企业。

农村改革开始后，对于乡镇企业的发展出台了一系列的政策。1979 年国务院出台了《关于发展社队企业若干问题的规定（试行草案）》，该规定全面放开了对社队企业的限制，为乡镇企业的发展奠定了基础。1981 年国务院又出台了《关于社队企业贯彻国民经济调整方针的若干规定》，该规定明确了社队企业起到的积极作用，即社队企业的发展有利于利用和开发地方资源，安排农村剩余劳动力，巩固壮大集体经济，增加社会收入有明显作用；对于逐步改变农村和农业的经济结构，支援农业发展，对于发展商品生产，活跃市场，扩大出口，增加国家财政收入等方面也做出了巨大贡献。1984 年中央一号文件提出，在兴办社队企业的同时，鼓励农民个人兴办或联合兴办各类企业。1984 年又出台了《关于开创社队企业新局面的报告》文件，明确指出了发展乡镇企业的意义与作用，并将社队企业正式更名为乡镇企业，并制订了指导乡镇企业发展的总方针，提出了开创乡镇企业新局面的历史任务，并对乡镇企业的若干政策问题做出了规定。这些文件的出台为乡镇企业的迅速发展奠定了基础。

1989 年政府出台政策对乡镇企业采取了"调整、整顿、改造、提高"的方针，在税收、信贷方面的支持和优惠措施减少了，并明确规定乡镇企业发展所需的资金，应主要靠农民集资筹措，同时规定，进一步提倡乡镇企业的发展要立足于农副产品和当地原料加工。1990 年国务院出台了《中华人民共和国乡村集体所有制企业条例》，对保障乡村集体所有制企业的合法权益，引导其健康发展起到积极的作用。乡镇企业的发展为改变农村面貌、农民增收带来巨大的变化，为国民经济发展起到举足轻重的作用。

3. 农业产业化经营策略的推行

1993 年国务院出台《关于当前农业和农村经济法制的若干政策措施》文件中指出：在原定耕地承包期到期后再延长 30 年不变，土地承包经营权逐渐长期化、稳定化。同年提出了农业产业化发展的举措，在 1993 年山东省总结农业与农村发展经验时，农业产业化作为一种新的农业发展战略而首先提出，之后农业产业化经营策略在全国推行。

1996 年全国人民代表大会第八届四次会议批准的《国民经济和社会发展"九五"计划和 2010 年远景目标纲要》中提出：要稳定党在农村的基本政策，深化改革，要鼓励发展多种形式的合作与联合，发展联结农户的中介组织，大力发展贸工农一体化，积极发展农业产业化经营。中国共产党第十五次全国代表大会政府工作报告（简称"十五大"报告）中也明确提出：要积极发展农业产业化经营，形成生产、加工、销售有机结合和相互促进的机制，推进农业向商品化、专业化、现代化转变。这一时期，农业产业经营开始转型，产业链条逐渐延长，农业经济得到快速发展。

（二）解决"三农"问题的主要举措

1982 年到 1986 年五年连续出台了 5 个中央一号文件，主要强调农村改革工作的逐步开展与深化，以及与之相配套的措施与策略。

1. 生产责任制改革策略

1982 年出台的《全国农村工作会议纪要》（1982 年的中央一号文件）明确指出包产到户、包干到户或大包干都是社会主义生产责任制，这种包产到户、包干到户不同于合作化以前的小私有个体经济，而是社会主义农业经济的组成部分。1983 年出台的《当前农村经济政策的若干问题》（1983 年的中央一号文件）肯定了中国农民的家庭联产承包责任制的伟大创造，确立了我国农村改革实践的马克思主义农业合作化理论新发展的理论依据。1984 年出台的《关于一九八四年农村工作的通知》（1984 年的中央一号文件）强调要继续稳定和完善联产承包责任制，规定土地承包期一般应在 15 年以上。1993 年出台的《关于当前农业和农村经济法制的若干政策措施》（1993 年的中央一号文件）指出在原定耕地承包期到期后再延长 30 年不变，这一时期一系列生产责任制改革策略使得土地承包经营权逐渐长期化、稳定化。

2. 购销制度变革举措

1985 年出台的《关于进一步活跃农村经济的十项政策》（1985 年的中央一号文件）规定：取消 30 年来农副产品统购派购的制度，对粮、棉等少数重要农产品采取国家计划合同收购的新政策。1986 年出台的《关于一九八六年农村工作的部署》（1986 年的中央一号文件）中肯定了农村改革方针政策是正确的，必须继续贯彻执行。

由于农村家庭联产承包责任制的实行和农产品收购价格的大幅度提高，广大农民的收入迅速增加，农村消费模式也从生存型转向了温饱型。同时，贫困人口也迅速减少。而农业与农村经济的发展，又对整个国民经济的发展起到了巨大的推动作用。在 1985 年的中央一号文件出台后，农产品购销实行合同订购和市场收购，统购统销的计划型农业生产走向终结。1992 年开始逐步确立了市场经济体制为主导的经济体制，改革开放以来逐步形成的农产品价格"双轨制"，开始转变为国家宏观调控下的自由市场购销体制。

3. 农村经营组织的变革策略

1984 年通过文件的形式正式将社队企业改名为乡镇企业，由原来的社办企业与队办企业两个轮子的集体经济组织形式转变为乡办企业、村办企业、联户办企业、户办企业四个轮子同时运转的多种形式的经营主体并存。同时，由原来企业主要经营农副产品加工业转变为农业、工业、商业、建筑业、运输业和服务业六大产业均可以经营的多产业发展，即多轮驱动、多轨运行、多业并举的多种组织经营形式，突破了就地取材、就地生产、就地销售的三就地格局，并拓宽了内外部市场渠道。1989 年国家政策进一步调整了产业结构、行业结构和产品结构。1990 年国务院通过出台《中华人民共和国乡村集体所有制企业条例》，保障了乡村集体所有制企业的合法权益，使得乡镇企业得到更健康更快速的发展。

4. 鼓励贸工农联合经营举措

1996 年出台的关于"三农"问题的相关政策提出要稳定党在农村的基本政策，深化改革，要鼓励发展多种形式的合作与联合，发展联结农户的中介组织，大力发展贸工农一体化，积极发展农业产业化经营。这个时期由于积极发展农业产业化经营，形成了生产、加工、销售有机结合和相互促进的机制，推进农业向商品化、专业化、现代化的转变。

（三）农业经济管理学科得到快速发展

这一时期，由于我国"三农"相关政策与制度的出台有利于农村经济发展、农业生产效率提高，农民收入增加，随着"三农"政策与制度不断完善，"三农"实践的迅速发展，农业经济管理学科得到快速发展，无论是学位授予还是专业设置都有较快的发展。

1. 农业经济管理学科学位授予层次逐渐提高

随着农业经济实践不断发展、农业经济相关政策演进与制度逐渐变革，农业经济管理学科得到快速发展。表现较为突出的是该学科学位授予层次逐渐提高，学科学位授予体系逐渐完善。1981 年恢复了学位制度，建立了国务院学位委员会，在教育部设立学位办公室，负责全国研究生教育的领导工作。同时成立学科评议组，完成学位委员会和学位办公室委托的学科建设工作。

在农业经济管理学科快速发展时期，该学科的教育教学培养体系与学位授予体系建设较快，一些高校纷纷获得各层次学位授予权，在 1981 年中国农业大学获农业经济管理学科硕士授予权，在同一年浙江大学经国务院学位委员会批准，又重新获得农业经济管理学科硕士学位授予权。在 1985 年南京农学院农业经济系获得农业经济管理学科博士授予权，1986 年中国农业大学获农业经济管理学科博士授予权，1990 年浙江大学获得农业经济管理学科博士学位授予权和博士后流动站，2000 年浙江大学获准设立农林经济管理一级学科博士点。

2. 农业经济管理本科专业目录逐渐调整与完善

在农业经济管理学科学位授予体系快速发展期间，该学科的本科教育体系逐渐得到完善，农业经济管理学科本科招生的学科目录与专业目录逐渐进行调整，并增加某些专业。在 1987 年国家教育委员会修订了本科专业目录，共列专业 651种，1989 年到 1992 年，再次修订本科专业目录，在 10 个学科门类下共列专业504 种，农业经济管理专业属于经济学学科门类下设的 31 种专业之一。

在 1998 年教育部将本科专业目录从 10 个学科门类调整为 11 个学科门类，增加了管理学学科门类。农业经济管理学科在这次调整中被调整到管理学学科门类下，并成为农业经济管理类一级学科，农业经济管理类一级学科下设有农林经济管理与农村区域发展两个二级学科。同时，1998 年目录外专业与农业经济管理学科相关的专业设有食品经济管理、农产品质量与安全、农业经济管理教育、农产品储运与加工教育、环境资源与发展经济学等专业。

3. 农业经济管理学科研究机构逐渐增多

随着农业经济管理学科快速发展，各大农业院校在农业经济管理学科建设的基础上，逐渐设置了经济管理学院，通过发展农业经济管理学科相关学科，壮大了农业经济管理学科群。各大农业院校与综合性院校获批了农业经济管理学科省（市）级和国家级不同级别的重点学科。同时，成立和组建了一大批农业经济管理学科研究中心、人文社会科学重点研究基地、中国农村发展研究院、中国农村发展与政策研究哲学社会科学创新基地等农业经济管理学科研究机构。

二、学科转型期"三农"相关政策与制度

农业经济管理学科转型期是从 2001 年到 2020 年，历时近 20 年，在上一个时期农业经济管理学科得到快速发展的基础上，这一阶段农业经济管理学科步入了转型时期，随着农村经济体制改革的不断深化，农业经济的不断发展，特别是二三产业的兴起，农业经济管理学科相关发展思路与策略也随之改进。

（一）解决"三农"问题的重大决策

进入 21 世纪后，农村改革、经济体制改革、开放制度与政策的实施已有 20 年之久，中国经济发展突飞猛进，而农业发展逐渐呈现滞后特征，社会经济发展到了以工补农、以工助农的阶段，需要解决"三农"的难点、热点和焦点问题较多，而且这些问题相互交织，相应的一系列重大政策出台较多。

1. 解决"三农"问题成为全面建设小康社会的重大任务

从 2002 年中国共产党十六届全国代表大会（以下简称党的十六大）到 2017 年中国共产党十九届全国代表大会（以下简称党的十九大）的召开，会议报告一直强调全面建设小康社会的关键问题是解决"三农"问题。

党的十六大（2002 年 11 月 8 日）报告《全面建设小康社会 开创中国特色社会主义事业新局面》中明确提出：统筹城乡经济社会发展，建设现代农业，发展农村经济，增加农民收入，是全面建设小康社会的重大任务。

中国共产党十七届全国代表大会（以下简称党的十七大）（2007 年 10 月 15 日）报告《高举中国特色社会主义伟大旗帜为夺取全面建设小康社会新胜利而奋斗》再一次强调：解决好农业、农村、农民问题，事关全面建设小康社会大

局，必须始终作为全党工作的重中之重。

中国共产党十八届全国代表大会（以下简称党的十八大）（2012年11月8日）报告《坚定不移沿着中国特色社会主义道路前进　为全面建成小康社会而奋斗》继续强调：解决好农业农村农民问题是全党工作重中之重，城乡发展一体化是解决"三农"问题的根本途径。

党的十九大（2017年10月18日）报告《决胜全面建成小康社会　夺取新时代中国特色社会主义伟大胜利》中指出：中国特色社会主义进入新时代，我国社会主要矛盾已经转化为人民日益增长的美好生活需要和不平衡不充分的发展之间的矛盾。我国社会中最大的发展不平衡，是城乡发展不平衡；最大的发展不充分，是农村发展不充分。同时强调了农业、农村、农民问题是关系国计民生的根本性问题，必须始终把解决好"三农"问题作为全党工作的重中之重。党的重大决策始终将"三农"问题是全党工作的重中之重的地位贯彻到底。

2."三农"问题具体指导意见

从党的十六大到党的十九大，每次大会报告都对农业、农民与农村亟待解决的问题具有较全面的指导意见。

（1）强调农业的基础地位与农业现代化建设的重要性。

这一时期多次大会与会议报告强调了我国农业的基础地位，以及建设农业现代化的迫切任务。

党的十六大报告中强调：要加强农业基础地位，推进农业和农村经济结构调整，保护和提高粮食综合生产能力，健全农产品质量安全体系，增强农业的市场竞争力；积极推进农业产业化经营，提高农民进入市场的组织化程度和农业综合效益；开拓农村市场，搞活农产品流通，健全农产品市场体系。

党的十七大报告强调：坚持把发展现代农业作为首要任务，要加强农业基础地位，走中国特色农业现代化道路，建立以工促农、以城带乡长效机制，形成城乡经济社会发展一体化新格局；加大支农惠农政策力度，严格保护耕地，增加农业投入，促进农业科技进步，增强农业综合生产能力，确保国家粮食安全。

党的十八大报告提出：加快发展现代农业，增强农业综合生产能力，确保国家粮食安全和重要农产品有效供给，坚持工业反哺农业、城市支持农村和多予少取放活方针，加大强农、惠农、富农政策力度，让广大农民平等参与现代化进程、共同分享现代化成果。

党的十九大报告对我国新时代发展不平衡、不充分问题所涉及的农业问题做了强调，即农产品阶段性供过于求和供给不足并存，农业供给质量亟待提高。具体措施为：夯实农业生产能力基础，实施质量兴农战略，构建农村一二三产业融合发展体系，构建农业对外开放新格局，促进小农户和现代农业发展有机衔接。

（2）重视富农民、惠民生的指导原则。

在解决"三农"问题策略中，将富农民、惠民生问题作为党的工作的重中之重。

党的十六大报告中提出：农村富余劳动力向非农产业和城镇转移，是工业化和现代化的必然趋势。继续推进农村税费改革，减轻农民负担，保护农民利益。

党的十七大报告中提出：坚持把繁荣农村经济作为首要任务，以促进农民增收为核心，发展乡镇企业，多渠道转移农民就业，培育有文化、懂技术、会经营的新型农民，发挥亿万农民建设新农村的主体作用。

党的十八大报告中提出：着力促进农民增收，保持农民收入持续较快增长，提高农民在土地增值收益中的分配比例，依法维护农民土地承包经营权、宅基地使用权、集体收益分配权。

党的十九大报告中提出：我国新时代发展不平衡不充分问题所列涉及农民问题的具体表现为农民适应生产力发展和市场竞争的能力不足、新型职业农民队伍建设急需加强。

（3）全面脱贫与精准扶贫的重大策略。

我国扶贫开发始于20世纪80年代中期，通过几十年的不懈努力，取得了一定成就，但是长期以来贫困居民底数不清、情况不明、针对性不强、扶贫资金和项目指向不准的问题仍较为突出，针对这些问题，习近平总书记在2013年11月到湖南湘西考察时首次做出了"实事求是、因地制宜、分类指导、精准扶贫"的重要指示，"精准扶贫"的重要思想开始确立。2014年1月，我国政府规制了精准扶贫工作模式的顶层设计，推动了"精准扶贫"思想落地，主要采取针对不同贫困区域环境、不同贫困农户状况，运用科学有效程序对扶贫对象实施精确识别、精确帮扶、精确管理的治贫方式。

2014年3月5日，在中华人民共和国第十二届全国人民代表大会第二次会议上，《2014 年国务院政府工作报告》中提出创新扶贫开发方式，加快推进集中连片特殊困难地区区域发展与扶贫攻坚；国家加大对跨区域重大基础设施建设和经济协作的支持，加强生态保护和基本公共服务；地方要优化整合扶贫资源，实行精准扶贫，确保扶贫到村到户；引导社会力量参与扶贫事业。之后的政策与策略都与该策略相配套，并通过多措并举，实现 2020 年全面脱贫的目标。

（4）实施全面振兴乡村的重大策略。

这一时期，从新农村建设、农村城镇化、城乡一体化，到乡村振兴都是党对农村发展的重要策略。

党的十六大报告中提出：要逐步提高城镇化水平，坚持大中小城市和小城镇协调发展，走中国特色的城镇化道路，加快农业科技进步和农村基础设施建设。

党的十七大报告中又提出：深化农村综合改革，推进农村金融体制改革和创新；坚持农村基本经营制度，稳定和完善土地承包关系，按照依法自愿有偿原则，健全土地承包经营权流转市场，有条件的地方可以发展多种形式的适度规模经营；探索集体经济有效实现形式，发展农民专业合作组织，支持农业产业化经营和龙头企业发展。

党的十八大报告中提出：要加大统筹城乡发展力度，增强农村发展活力，逐步缩小城乡差距，促进城乡共同繁荣。坚持把国家基础设施建设和社会事业发展重点放在农村，深入推进新农村建设和扶贫开发，全面改善农村生产生活条件。

党的十九大报告中提出：农村基础设施和民生领域欠账较多，农村环境和生态问题比较突出，乡村发展整体水平亟待提升；国家支农体系相对薄弱，农村金融改革任务繁重，城乡之间要素合理流动机制亟待健全；农村基层党建存在薄弱环节，乡村治理体系和治理能力亟待强化。同时，在党的十九大报告中提出建设目标任务：到 2020 年，乡村振兴取得重要进展，制度框架和政策体系基本形成；到 2035 年，乡村振兴取得决定性进展，农业农村现代化基本实现；到 2050 年，乡村全面振兴，农业强、农村美、农民富全面实现。

综上所述，这些党的政策与文件对"三农"问题的相关规定，不仅显示党对"三农"问题的重视，而且为解决"三农"问题指明了方向，从而也对农业经济管理学科发展、专业建设与人才培养提出了新的要求。农业经济管理学科建设围绕着提高农业综合生产能力、增加农民收入、精准扶贫、乡村振兴等问题开展人才培养与科学研究。这些政策有利于农业经济学科通过深化改革得到进一步发展。

(二) 解决 "三农" 问题的中央一号文件

这一时期，从 2004 年到 2020 年连续 17 年发布了 17 个中央一号文件，针对 "三农" 问题中的重点问题、焦点问题和热点问题进行了决策部署，这些策略对农民增收、现代农业发展、农村建设问题各有偏重。

1. 偏重于农民收入问题的策略

专门强调与偏重于农民收入增加与生活水平提高的中央一号文件有 3 个，分别是 2004 年、2008 年和 2009 年三年的中央一号文件，分别就农民收入问题、农民增收问题和农民收入持续增收问题的解决进行了具体部署，而且是层层递进。

2004 年中央一号文件《中共中央 国务院关于促进农民增加收入若干政策的意见》明确了当时的农业和农村发展中还存在着许多矛盾和问题，突出的是农民增收困难问题。针对全国农民人均纯收入连续增长缓慢问题提出：集中力量支持粮食主产区发展粮食产业，促进种粮农民增加收入，继续推进农业结构调整，挖掘农业内部增收潜力，发展农村二三产业，拓宽农民增收渠道，改善农民进城就业环境，增加外出务工收入，发挥市场机制作用，搞活农产品流通，加强农村基础设施建设，为农民增收创造条件，深化农村改革，为农民增收减负提供体制保障，继续做好扶贫开发工作，解决农村贫困人口和受灾群众的生产生活困难，加强党对促进农民增收工作的领导，确保各项增收政策落到实处等具体措施。

2008 年的中央一号文件《中共中央 国务院关于切实加强农业基础建设进一步促进农业发展农民增收的若干意见》就农民增收问题的具体措施包括：加快构建强化农业基础的长效机制；切实保障主要农产品基本供给；突出抓好农业基础设施建设；着力强化农业科技和服务体系基本支撑；逐步提高农村基本公共服务水平；稳定完善农村基本经营制度和深化农村改革等措施。2009 年的中央一号文件《中共中央 国务院关于 2009 年促进农业稳定发展农民持续增收的若干意见》明确提出：千方百计促进农民收入持续增长，推进城乡经济社会发展一体化。这些文件对农民收入、农民增收、农民收入持续增加进行了强调。

2. 偏重于现代农业建设问题的策略

关于加强农业发展问题的策略在 2011 年到 2016 年连续 6 年的中央一号文件

都作了重要部署，其中现代农业建设的重要文件集中见于 2013 年到 2016 年的中央一号文件。

2011 年的中央一号文件主题为《中共中央　国务院关于加快水利改革发展的决定》是新中国成立 62 年来中央文件首次对水利工作进行全面部署。2012 年的中央一号文件主题为《关于加快推进农业科技创新持续增强农产品供给保障能力的若干意见》突出强调部署农业科技创新，把推进农业科技创新作为"三农"工作的重点。2013 年的中央一号文件主题为《中共中央　国务院关于加快发展现代农业　进一步增强农村发展活力的若干意见》开始聚焦"现代农业"。2014 年的中央一号文件主题为《关于全面深化农村改革加快推进农业现代化的若干意见》提出现代农业建设的措施包括：完善国家粮食安全保障体系；强化农业支持保护制度；建立农业可持续发展长效机制；深化农村土地制度改革；构建新型农业经营体系；加快农村金融制度创新；健全城乡发展一体化体制机制；改善乡村治理机制。

2015 年的中央一号文件主题为《关于加大改革创新力度加快农业现代化建设的若干意见》加快建设现代农业措施包括：围绕建设现代农业，加快转变农业发展方式；围绕促进农民增收，加大惠农政策力度等措施。2016 年的中央一号文件主题为《关于落实发展新理念加快农业现代化实现全面小康目标的若干意见》以发展新理念加快现代农业措施包括：持续夯实现代农业基础，提高农业质量效益和竞争力；加强资源保护和生态修复，推动农业绿色发展；推进农村产业融合，促进农民收入持续较快增长；推动城乡协调发展，提高新农村建设水平；深入推进农村改革，增强农村发展内生动力；加强和改善党对"三农"工作指导。

3. 偏重于农村建设问题的策略

偏重于农村建设的中央一号文件有 8 个，分别是 2005 年、2006 年、2007 年、2010 年、2017 年、2018 年、2019 年和 2020 年出台的中央一号文件。

2005 年的中央一号文件主题为《中共中央　国务院关于进一步加强农村工作提高农业综合生产能力若干政策的意见》的文件提到农村工作的重要性，提出坚持"多予少取放活"的方针，稳定、完善和强化各项支农政策等作为重大而紧迫的战略任务。2006 年的中央一号文件主题为《中共中央　国务院关于推进社会主义新农村建设的若干意见》，文件提出的社会主义新农村建设的重大历史任务将迈出有力的一步。2007年的中央一号文件主题为《中共中央 国务院关于积极发展现代农业扎实推进社会主义新农村建设的若干意见》，文件要求发展现代农业是社会主义新农村建设的首要任务。2010年的中央一号文件主题为《中共中央 国务院关于加大统筹城乡发展力度 进一步夯实农业农村发展基础的若干意见》，文件提出加强农业农村发展基础。

2017年的中央一号文件主题为《中共中央 国务院关于深入推进农业供给侧结构性改革加快培育农业农村发展新动能的若干意见》，文件首次提到农业农村优先发展，具体措施包括：优化产品产业结构，着力推进农业提质增效；推行绿色生产方式，增强农业可持续发展能力；壮大新产业新业态，拓展农业产业链价值链；强化科技创新驱动，引领现代农业加快发展；补齐农业农村短板，夯实农村共享发展基础；加大农村改革力度，激活农业农村内生发展动力。

2018年的中央一号文件主题为《中共中央 国务院关于实施乡村振兴战略的意见》，文件围绕建设现代农业，加快转变农业发展方式；围绕促进农民增收，加大惠农政策力度；围绕城乡发展一体化，深入推进新农村建设；围绕增添农村发展活力，全面深化农村改革；围绕做好"三农"工作，加强农村法治建设。文件确定了实施乡村振兴战略的目标任务：到2020年，乡村振兴取得重要进展，制度框架和政策体系基本形成；到2035年，乡村振兴取得决定性进展，农业农村现代化基本实现；到2050年，乡村全面振兴，农业强、农村美、农民富全面实现，并强调坚持农业农村优先发展。

2019年的中央一号文件主题为《中共中央 国务院关于坚持农业农村优先发展做好"三农"工作的若干意见》，文件提出：坚持农业农村优先发展总方针，以实施乡村振兴战略为总抓手，对标全面建成小康社会"三农"工作必须完成的硬任务，适应国内外复杂形势变化对农村改革发展提出的新要求，抓重点、补短板、强基础，围绕"巩固、增强、提升、畅通"深化农业供给侧结构性改革，坚决打赢脱贫攻坚战，充分发挥农村基层党组织战斗堡垒作用，全面推进乡村振兴，确保顺利完成到2020年承诺的农村改革发展目标任务。咬定既定脱贫目标，落实已有政策部署，到2020年确保现行标准下农村贫困人口实现脱贫、贫困县全部摘帽、解决区域性整体贫困。支持企业在乡村兴办生产车间、就业基地，增加农民就地就近就业岗位。要求切实降低"三农"信贷担保服务门槛，鼓励银行业金融机构加大对乡村振兴和脱贫攻坚中长期信贷支持力度。

2020 年中央一号文件主题为《中共中央国务院关于抓好"三农"领域重点工作确保如期实现全面小康的意见》，报告中强调坚决打赢脱贫攻坚战，对标全面建成小康社会加快补上农村基础设施和公共服务短板，保障重要农产品有效供给和促进农民持续增收，加强农村基层治理，强化农村补短板保障措施。

从 8 个关于以农村发展为主题的中央一号文件提出的重点工作可以说明农业经济管理学科转型发展的重要性。

（三）解决"三农"问题的主要举措

改革开放以来，我国农业和农村经济发生了重大变化，特别是农业产业化的推进，农业标准化、规模化、组织化程度提高，因而新型规模经营主体形成多元化，民间资本投入增加，机械化程度提升，一二三产业融合经营成为农业产生新动能的途径之一形成共识。这些重大变化得益于解决"三农"问题的重要举措。

1. 农村建设策略——实现城乡统筹发展目的

随着农业经济的发展，政策的引导，新农村建设成绩显著。农村基础设施建设成效显著，乡村环境与生态治理受到重视，乡村振兴问题提到重要位置。

2005 年出台的《关于进一步加强农村工作提高农业综合生产能力若干政策的意见》提出：要稳定、完善和强化各项支农政策，进一步深化农村改革，促进农村社会经济全面发展。2006 年出台的《关于推进社会主义新农村建设的若干意见》要求，完善强化支农政策，建设现代农业，加强基础设施建设，推进农村综合改革，促进农民持续增收，确保社会主义新农村建设有良好开局。强调建设社会主义新农村是我国现代化进程中的重大历史任务，要按照生产发展、生活宽裕、乡风文明、村容整洁、管理民主的要求，扎实稳步地加以推进。

2007 年出台的《关于积极发展现代农业扎实推进社会主义新农村建设的若干意见》要求，发展现代农业是社会主义新农村建设的首要任务，要用现代物质条件装备农业，用现代科学技术改造农业，用现代产业体系提升农业，用现代经营形式推进农业，用现代发展理念引领农业，用培养新型农民发展农业，提高农业水利化、机械化和信息化水平，提高土地产出率，资源利用率和农业劳动生产率，提高农业质量、效益和竞争力。

2018 年出台的《关于实施乡村振兴战略的意见》提出：坚持把解决好"三农"问题作为全党工作重中之重，坚持农业农村优先发展，按照产业兴旺、生态宜居、乡风文明、治理有效、生活富裕的总要求，建立健全城乡融合发展体制机制和政策体系，统筹推进农村经济建设、政治建设、文化建设、社会建设、生态文明建设和党的建设，加快推进乡村治理体系和治理能力现代化，加快推进农业农村现代化，走中国特色社会主义乡村振兴道路，让农业成为有奔头的产业，让农民成为有吸引力的职业，让农村成为安居乐业的美丽家园。这些文件与政策措施为农村建设提供了有力的支持。

2. 农业负担减轻策略——农业税的取消

"十五"期间之初，为了减轻农民负担，进行了农业税费改革，首先取消了"三提五统"等非税收费。2000 年开始，在安徽省开始逐步进行税费改革试点，主要取消乡统筹、农村教育集资等专门向农民征收的行政事业性收费，取消政府性基金、集资，取消屠宰税，取消统一规定的劳动义务工，以及改革和调整农业税和农业特产税政策，改革村提留征收使用办法。

2004 年开始，改革政策指导下，清理、化解乡村不良债务，取消牧业税和部分农业特产税，并扩大了取消农业税试点范围。同时，对粮食主产区农户实行良种补贴和大型农机具补贴，以及对种粮农户进行直补。吉林、黑龙江等 8 个省份有全部免征农业税的，有部分免征农业税的。2005 年年底，全国 28 个省份及河北、山东和云南三个省的 210 个县（市）全部免征了农业税。2006 年 1 月 1 日起，全国农业税彻底取消，废止了农业税条例。

3. 农业结构优化策略——农业供给侧结构性改革

我国农业农村发展在历史进程中不断迈上新台阶，这一时期农业农村发展已进入新的历史阶段，农业的主要矛盾由总量不足转变为结构性矛盾，突出表现为阶段性供过于求和供给不足并存，矛盾的主要方面在供给侧。近年来，我国在农业转方式、调结构、促改革等方面进行积极探索，为进一步推进农业转型升级打下一定基础，但农产品供求结构失衡、要素配置不合理、资源环境压力大、农民收入持续增长乏力等问题仍很突出，增加产量与提升品质、成本攀升与价格低迷、库存高企与销售不畅、小生产与大市场、国内外价格倒挂等矛盾亟待破解。必须顺应新形势、新要求，坚持问题导向，调整工作重心，深入推进农业供给侧结构性改革，加快培育农业农村发展新动能，开创农业现代化建设新局面。

2017 年出台的《关于深入推进农业供给侧结构性改革加快培育农业农村发展新动能的若干意见》指出：优化产品产业结构，着力推进农业提质增效；推行绿色生产方式，增强农业可持续发展能力；壮大新产业新业态，拓展农业产业链价值链；强化科技创新驱动，引领现代农业加快发展；补齐农业农村短板，夯实农村共享发展基础；加大农村改革力度，激活农业农村内生发展动力。

4. 解决农民民生问题的策略——生产与生活条件的改善

随着农业农村的发展、城乡一体化建设与新型城镇化的推进，农民身份、地位、收入、生活水平和社会保障得到大幅度提升，农民的幸福指数提高。

2004 年出台的主题为《关于促进农民增加收入若干政策的意见》的中央一号文件中提出：调整农业结构，扩大农民就业，加快科技进步，深化农村改革，增加农业投入，强化对农业支持保护，力争实现农民收入较快增长，尽快扭转城乡居民收入差距不断扩大的趋势。2008 年出台的主题为《关于切实加强农业基础建设进一步促进农业发展农民增收的若干意见》的中央一号文件强调：要按照形成城乡经济社会发展一体化新格局的要求，突出加强农业基础建设，积极促进农业稳定发展、农民持续增收，努力保障主要农产品基本供给，切实解决农村民生问题，扎实推进社会主义新农村建设。

2016 年出台的《关于落实发展新理念加快农业现代化实现全面小康目标的若干意见》提出：持续夯实现代农业基础，提高农业质量效益和竞争力；加强资源保护和生态修复，推动农业绿色发展；推进农村产业融合，促进农民收入持续较快增长；推动城乡协调发展，提高新农村建设水平；深入推进农村改革，增强农村发展内生动力；加强和改善党对"三农"工作指导。

（四）新时代对农业经济管理学科发展提出新要求

"三农"问题在这一时期比在任何时期所遇到的机遇与挑战都多，比任何时期受到社会各界的重视程度都高。

1. 新时期的发展机遇与挑战促使农业经济管理学科转型

随着农村、农业、农民——"三农"发展实践的新变化，对农村建设、农业经济发展、农民生活水平提高具有了新的要求，"三农"问题出现新的矛盾，这一时期关于解决"三农"问题的政策演进与制度变迁、采取的策略与措施之多已经充分说明我国政府对"三农"工作的重视。相关"三农"发展实践、国家政策演进与制度变迁、学术研究与教育教学研究趋势等对农业经济管理学科建设提出了新的挑战，也提供了发展的新机遇。

这一时期的"三农"问题已经受到非农业领域的社会各界人士关注，关注"三农"的学者与专家数量增多、范围扩大，"三农"问题的研究者、从事"三农"的工作者、从事农业产业的创业者也逐渐增加。一方面，这些变化对于农业经济管理学科发展具有极大的推动作用；另一方面，这些变化对农业经济管理学科建设提出了新挑战。

2. 社会经济多元化发展形势对学科建设提出新要求

随着新时期社会经济发展的需求，人才培养出现了新矛盾，面临改革的新问题，应对这些新的动向，人才需求出现新变化。为了适应社会对人才需求的变化，农业经济管理学科建设、专业人才培养目标需要随着社会的需求不断变化而进行调整，相应的人才培养模式也需要不断创新，为了培养创新型人才，农业经济管理专业课题体系需要重新设置，教学内容需要更新、教学方式需要改革，实践教学需要务实、创新。

进入21世纪，高等教育的人才培养目标与人才培养层次都需要进一步完善与革新。社会对经济管理类其他学科培养的人才需求加大，因而经济管理类其他学科与专业迅速发展壮大，这势必给农业经济管理学科建设造成挤压，该学科建设与发展面临新的挑战，农业经济管理学科建设的各方面都需要革新与转型，才能适应社会经济发展的需求。

第三章 学术研究脉络与农业经济管理学科发展

本章主要梳理四个不同阶段农业经济管理学科发展过程中，"三农"问题的研究焦点与热点问题，以及相关的学术研究成果，分为两节内容，第一节为农业经济管理学科在初创期与逐渐成熟期的学术成果梳理，第二节为农业经济管理学科在快速发展期与转型期的学术成果梳理。

第一节　学科初创期与成熟期的相关学术研究

农业经济管理学科在初创期与成熟期这两个时期的学术研究成果较少，加之仅通过知网可以查阅到的文献有限，将这两个时期的学术研究放在一节内容中进行简单介绍。

一、农业经济管理学科初创期的相关学术研究

从 1914 年到 1949 年为农业经济管理学科初创期，新中国成立前的这个阶段农业经济管理学科的相关学术研究成果较少，所有的学术研究成果也都是围绕着农民、农业与农村的相关问题展开研究。

（一）关于农民问题的研究

1914 年到 1949 年，通过知网搜索关于农民问题的学术研究成果，可以搜到 18 条相关文献，研究成果大多集中于农民生计问题的相关研究。

1. 农民生活调查相关问题研究

农业经济管理学科初创期的早期由于长期军阀混战，使得田赋多被地方军阀截留用作军费，农民生活艰难。在 1912 年后田赋就被确定为国家主要税收，并针对田赋做了一些改革和整顿。但是由于各地军阀混战，征收制度各地不统一，土豪劣绅又从中作弊，田赋越来越重，附加税的种类也日益增多，各地军阀对农村经济的搜刮更是有增无减，农民的生活急剧贫困化。这一阶段的研究成果能够查到的主要文献中对农民生活疾苦问题的调查研究成果较多，如清华园左近七村一〇四户农情调查（陈隽人，1926）、江苏十七县农民生计状况调查（江恒源，1929）等公开发表的成果，这些成果都是针对某地区的农民生计问题的调查研究。

20 世纪 30 年代，无论官方公布的数据，还是学术机构的调查，以及个别学者的研究，普遍反映当时农民的赋税负担比以前大幅度提高，并且呈历年上升的趋势。相应的针对佃户与自耕农（吴景超，1934）的赋税等负担问题的研究也较多。但是，在 20 世纪 30 年代关于农民纳税负担问题的研究，因为赋税自身不能完全反应纳税负担的变化趋势，因此，对农民田赋政策附加税负担的研究仍存在一些缺陷（冯开文，2008）。

2. 农民其他问题的相关研究

农业经济管理学科初创期与农民相关的其他问题主要有农民的教育问题、农民的耕地问题、国外农民问题等。

这一时期，针对某地区农民问题的研究成果多见于农民生活的考察、调查、交流，如通过会议交流的有在上海市农民协会成立会上讨论农民协会的贡献（吴觉农，1928）问题，基于河北与山东的农民教育进行考察（潘吟阁，1933）研究。此外，还有一些针对外国农民生计问题的研究，如丹麦农民生活（李晓农，1929）问题、俄国农民生活（无逸，1934）问题、战争时期日本农民生活问题（思慕，1938）等相关问题的调查、研究与总结。

同时，还有与农民相关的金融机构（王志莘，1928）的研究，近代农业都市化背景（吴景超，1933）的研究，农村救济法律问题（赵凤喈，1934）的研究，农业地理问题（曾世英，1934）的研究，农业人口问题（涂长望，1935）的研究，农业发展历史（吴晗，1936）的研究等。这个时期关于农民其他问题的研究公开发表的成果较少，可以查阅到的文献也较少。

（二）关于农业问题的相关研究

通过知网搜索，从1914年到1949年关于农业问题的研究成果搜索到63条，是农民相关问题研究成果的3.5倍，在这个时期的学者们关心农业相关问题的较多，主要研究成果集中于农业状况调查、农业区划研究、农业教育和农业经营管理的相关研究。

1. 关于农业状况调查与区划的研究

这个时期，在新中国成立前，战争频繁，军粮珍贵，农业生产相关问题是研究的焦点与热点问题，因此，关于农业问题的研究成果较多。对于农业问题的相关研究呈现研究的连续性特征，如从"农业浅说"的成果到"农业浅说续第六号"的研究成果（程其保，1915）是较为典型的关于农业问题研究的系列成果。部分成果为农业状况的调查研究，如中国农业状况调查（沈有乾，1916），中国农业的南通农业状况（李济，1917）调查，部分地区的农业改良调查（华印椿，1929），中国农业状况报告（郑步青，1917）等研究。

同时，在农业经济管理学科建设初创期，有专家通过调查研究，对中国大部分地区进行了农业区域（胡焕庸，1936），也有专家对农业大省进行区划（周淑贞，1938）研究的，这些研究工作以及研究成果为后来的农业区划的相关研究与农业区划实践提供了参考，在农业区划、种植制度、作物布局，以及农牧业结构安排等方面提供了宝贵的参考资料，做出了杰出的贡献。

2. 关于农业教育、农业经营管理等问题的研究

农业经济管理学科初创期对农业教育较为重视，大多数研究集中于农业领域的成人教育，且与农业实践联系较为紧密，针对农业成人教育问题的研究成果较典型，如农业院校的经费问题（邹秉文，1924）的研究、农业院校的种类（郑辟疆，1921）的研究、农业教育的学制问题与改进方法（邹秉文，1921）的研究、省立农业学校的改革（傅焕光，1927）研究、农业辅导教材应如何编选（韩玉书，1937）等农业教育、教学、培训方面的相关问题的研究。这个阶段也有一些专家学者对农业持有新的观点，如农业维新说（曹明銮，1917）等成果可见专家学者的新观点。

在20世纪30年代，专家们关注的农业问题范围逐渐扩大，有专家通过研究

国外农业政策问题（姜君辰，1935），作为农业进一步发展的经验借鉴。同时，这个时期也开始重视农业的管理问题（沈文安，1935）和农业经营问题（宋紫云，1933）的研究，以及农业要素中的农业劳动力与耕地（胡焕庸，1934）等问题的研究。农业经济管理学科初创期的农业问题已经将农业要素、农业经营管理、农业政策等相关问题作为重点问题进行研究。

（三）关于农村问题的相关学术研究

通过中国知网进行搜索，从 1914 年到 1949 年关于农村问题的研究成果比这个阶段的农民问题与农业问题的研究成果都多。在 1914 年后到新中国成立前的农村问题相关研究成果有 71 条。但是这些研究成果集中于 20 世纪 30 年代，且选择公开发表的期刊较少。

1. 农村问题的研究成果发表时间较集中

这一时期内关于农村问题的研究成果发表时间多集中于 20 世纪 30 年代。通过上述梳理农业经济管理学科初创期的农业问题研究成果，已经显示在 20 世纪 30 年代，农业要素与农业经营管理问题逐渐受到重视，而且专家学者们在这个时期的成果也逐渐增多，相应地对农村问题的相关研究也增多。

在 70 余篇关于农村问题研究成果中，仅有少数几篇公开发表的论文是在 1930 年前，并且多数为农村的农业教育问题，如胡坤荣 1929 年发表于《教育与职业》第四期的"办理农村教育应有之觉悟"，吟阁 1929 年发表于《教育与职业》第九期的"农村经济之调查"，陶行知 1929 年发表于《教育与职业》第四期的"谈农村教育"，周愓 1929 年发表于《教育与职业》第四期的"金陵大学农林科特设农村服务专修科概况"。同时，农业经济管理学科初创期研究的农村问题多为农村经济与农村教育问题。

在 20 世纪 30 年代后，农村问题的研究成果逐渐增多，且研究成果从农村教育问题扩展到农村工业化问题（何万成，1936；张延凤，1944；汪缉熙，1944）、农村改革（宋紫云，1932；陆叔昂，1933）等问题的研究。

2. 农村问题的研究成果发表的期刊较少

农业经济管理学科初创期的农村问题研究成果可以选择发表的期刊较少。在 1914 年后到新中国成立前的农村问题研究成果 71 条中有 61 篇文章发表在《教育与职业》，发表于该期刊的文章占农村问题研究成果的 85.9%。

对于中国农村问题研究的文章有：中国农村的描写（一芥，1936），介绍革新后的中国农村（何万成，1936），农村工业化问题（张延凤，1944），复兴中国农村的根本方案（汪缉熙，1944）等问题研究。除此之外，也有专家对国外农村问题（乃夫，1936）进行了研究。发表于《教育与职业》之外的10篇文章，其中3篇文章发表在《世界知识》，3篇文章发表在《复旦学报》，其他4篇较分散。

1930年后公开发表的研究成果较多的是中国农村改进问题（宋紫云，1932）的研究、农村改进之路（陆叔昂，1933）的研究、试办农村改进试验区的提议（钱琳叔，1933）的研究、农村教育问题（紫云，1933）的研究、农村的家事教育问题（石义亨，1936）的研究、农村职业教育问题（王達三，1937）的研究等。

这些学术成果大多数是针对农村改进与农业经济发展问题的研究、农村农业制度问题等，也有部分是研究农业工业化问题的，还有一大部分成果研究了农村职业教育问题等农村社会问题。

（四）学术研究为农业经济管理学科发展提供了基础

在农业经济管理学科初创期，这些"三农"问题的相关研究推动了农业经济管理学科的产生与发展，并为下一阶段农业经济管理学科与专业建设得到快速发展提供了基础条件。

1. 农业经济管理学科建设已经具有雏形

从许璇教授于日本留学回国在国立北京大学校农科开设农业经济管理相关课程后，1914年开始设置农业经济管理专业招收专科生，金陵大学在1920年开设农业经济管理本科专业，1921年国立北京农业专门学校设立了农业经济门（专业），在1927年北平大学农学院成立农业经济系，开始系统培养农业经济管理专业人才。

在这一时期，从解决"三农"实践问题的需求，到政府对"三农"的政策与制度的引导，再到该学科的学术研究，进而到该学科的人才培养逐渐具有了农业经济管理学科的雏形。

2. 新中国成立后学科发展环境逐渐改善

1949年新中国成立后，随着"三农"实践问题的解决，对"三农"问题的学术研究受到关注，农业经济管理学科发展的政策环境逐渐改善。这一时期，原北京大学农学院、清华大学农学院、华北大学农学院及辅仁大学农学系合并成立北京农业大学。随着中华人民共和国成立后各方面发展环境的改善，农业经济实践不断提出新问题、相关政策制度不断变迁、相关研究焦点不断变化，"三农"相关问题各方面的积累为下一个时期农业经济管理学科人才培养走向正规化奠定了基础。

二、农业经济管理学科成熟期的相关学术研究

从 1950 年到 1980 年为农业经济管理学科逐渐成熟期，是新中国成立后到开始实行改革开放时期，随着社会经济的不断发展、农业经济的逐渐繁荣，农业经济管理学科走向逐渐成熟，这一时期，该学科的学术研究也逐渐增多，下面对农民、农业和农村三方面的学术研究进行梳理。

（一）关于农民问题的相关学术研究

在新中国成立后到全面改革开放之前，即 1950 年到 1980 年，关于农民问题研究文献，通过知网搜索结果显示公开发表的论文有 6893 篇，这一时期学术研究具有以下特点：

1. 该阶段前期的学术研究对历史上农民问题的回顾与分析较多

在农业经济管理学科逐渐成熟时期的前期，有一部分农民问题的研究文献集中于历史上农民生活与经济问题的回顾，因而有较多农民问题的研究成果发表于《历史研究》，并且研究成果集中于 20 世纪 60 年代后的一段时间。该时期研究明末清初农民土地问题（戴园晨，1962）的成果，从均田制到庄园经济的变化（韩国磐，1962）的研究较为典型。同时，对农民斗争问题研究也较多，如针对清初的抗清斗争和农民军的联明抗清策略（林铁钧，1961）的研究，以及中国新民主主义革命时期的农民问题（群策发，1964）的研究等文献具有代表性。

农村改革开放之初，关于农民问题的学术研究特征表现为：公开发表于 20 世纪 70 年代的具有代表性的研究成果较少，仍然集中于研究历史上的农民问题，具有代表性的成果有：只有农民战争才是封建社会发展的真正动力（戎笙，1979）的相关研究、农民与反封建问题（王小强，1979）的研究等。同时关于明末清初的农民历史问题成果较多，且大多数发表于《历史研究》。

2. 研究方向集中于农民运动的居多

在农业经济管理学科逐渐成熟期的 1960 年左右，关于农民问题研究成果集中于农民运动相关问题的居多，具有代表性的成果有：国内的农民运动问题，如中国农民战争中革命思想的作用及其与宗教的关系（杨宽，1956）问题研究，辛亥革命时期资产阶级革命派和农民的关系（邵循正，1961）问题研究，以及农民诉苦教育（杨庭芳，1964）等相关问题的学术研究。国外的农民运动问题研究，如日本"明治维新"前后的农民运动（周一良，1956）的研究等。

1978 年以后的研究成果包括：农民起义与农民斗争的研究成果具有代表性，如马克思与恩格斯在农民问题上同拉萨尔主义的斗争问题（关勋夏，1980）和中国农民革命思想的问题（庶僮，1980）等学术研究。这一阶段专家学者们较关注农民运动与农民斗争问题。

3. 农民与土地等相关问题研究较为集中

这一时期，研究农民与土地问题的文献几乎都集中于 20 世纪 60 年代前后，如级差地租和价格政策（余霖，1964）的研究、第二次国内革命战争时期党的土地政策的演变（郭德宏，1980）等问题研究。这个阶段国外农民问题和其他农民问题研究也受到专家学者们的广泛关注，如关于日本农民问题（宋海文，1957）的研究、美国农民问题（熊性美，1961）的研究、拉丁美洲的土地关系和农业问题（章叶，1962）的研究、南斯拉夫农业政策（蔡沐培，1980）问题的学术研究等。

此外，还有与农民相关的其他问题的学术研究，如关于农村人民公社积累与消费（轼辙，1965）问题研究、农业合作化以后我国市场的淡旺季（赵清心，1956）问题研究、正确认识和调动农民的两种劳动积极性（滕兴祥，1980）等各方面问题的研究。研究成果多数是关于农民与土地问题、农业合作化、农业制度等问题的学术研究。

（二）关于农业问题的相关学术研究

在农业经济管理学科逐渐成熟期关于农业问题的相关学术研究中，新中国成立后的农业问题研究成果较多，查阅文献多达 16488 条。多集中于农业区划问题、农业土地问题、农业现代化问题、农业经营方式、规模经营等问题的研究。

1. 关于农业区划与工农关系的研究

在这一时期的前期，专家学者们对农业区划的研究较多，具有代表性的成果包括：对全国性农业区划（邓静中，1963）的研究，对农业区域的形成演变、内部结构及其区划体系判断（周立三，1964）的研究，农业区划需要尊重客观规律与经济效果（陈栋生，1979）进行的详细研究等。还有专家学者对不同地区的农业区划研究，如甘孜阿坝地区农业类型（程鸿，1963）的研究，江苏省农业区域的特点（佘之祥，1979）等地区区划的研究，也有对中国农业不同地区依据气候进行区划（丘宝剑，1980）的研究等。

这一时期关于工农业关系、城镇化等问题研究较为典型的代表作有轻工业与农业、重工业之间关系的研究（旦谷，1961），以及中国式农业现代化的道路和指标问题研究（章宗礼，1980）等各方面农业产业问题的研究。

2. 关于农业生产要素与经营制度的研究

随着该时期农业技术的不断进步、农业经营条件的改善、农业经营方式的转变、农业制度的不断改进，关于农业生产要素的研究成果较多，具有代表性的成果有：劳动生产率提高（三力，1961）问题的研究，农业劳动生产率计算测算（张敏如，1962）问题的研究，关于农业技术经济效率（王光伟，1963）问题的研究，关于农业，工业生产以及投资和新技术经济效果（张曙光，1980）问题的详细研究等。农业经营方式与经营体制问题的相关研究有：农业生产合作社中自留地（宋海文，1957）问题的研究，关于向农业生产的深度和广度进军（郭德尊，1965）问题的研究，以及关于生产资料优先增长原理的适用范围和农业内部生产资料优先增长（刘国光，1963）问题的研究等。

3. 关于农业地位、农业现代化与世界农业的研究

关于农业地位的研究具有代表性成果有：以粮为纲全面地发展农业生产（王耕今，1961）问题的研究，农业在国民经济中的地位和发展农业生产的关键（许涤新，1962）问题的研究，重农学派以农业为基础思想（阮仁慧，1980）问题的研究，农业"四化"的综合发展同经济效果的关系（刘志澄，1964）问题的研究，农业现代化资金（覃克良，1980）问题的研究等。

关于世界农业的学术研究以美国"新政"时期的反农业危机措施（厉以宁，1963）研究、美法农业现代化过程中的专业化和一体化（郑林庄，1963）研究、

澳大利亚农业（白昆，1979）研究、明治时期的日本农业和西方农学（董恺忱，1980）研究等国外农业问题研究为代表。

（三）关于农村问题的学术研究

农业经济管理学科逐渐成熟期农村问题研究成果较多，通过知网搜索到公开发表的学术成果有 6969 条。研究焦点与热点问题如下：

1. 20 世纪 60 年代左右关于农业合作化问题研究较集中

在农业经济管理学科逐渐成熟期，农村问题的研究多集中于 20 世纪 60 年代左右，且在这个时期研究的焦点问题与热点问题是农业合作化与工业化问题，这与新中国成立后的农业政策鼓励农业合作化关系密切。相关问题研究具有代表性的成果如农业合作化对于农村货币流通的影响（曾凌，1956）的研究、社会主义制度下的农村家庭副业（寄梅，1961）的研究、以农业为基础发展工业（中黄，1963）的研究、农村集市与农业贸易（贺政，1962）的研究。关于农村集体经济与农村消费问题的研究，具有代表性的成果有：人民公社积累与消费若干问题（轼辙，1965）的研究。这些具有代表性的研究成果全部发表于经济管理类具有权威性的期刊《经济研究》上。这一时期关于农业合作化相关研究的专家学者研究水平较高，研究者的观点具有权威性。

2. 经济体制相关问题研究成为改革开放初期的研究热点

这一时期农业经济管理学科发展逐渐成熟，其原因离不开我国农业农村制度的变革。在 1978 年后，随着家庭联产承包责任制的推行，农村经济问题主要集中于农业经济体制与制度改革相关问题的研究，且这个时期研究成果都公开发表在较具权威性的期刊，如《经济研究》《经济学动态》《中国社会科学》等，这些期刊刊发的社科类问题学术研究成果均具有权威性，发表于这些期刊的关于农村问题研究成果较多，如农村人民公社中的"增产增收"问题（周诚，1978）的研究、农村集市贸易问题（左平，1979）的研究、农村包围城市道路的历史考察（冯建辉，1980）的研究、关于农村几种生产责任制的调查（冯子标，1980）研究、农村传统农特产品的生产（詹文元，1980）问题研究等，这些研究成果都针对当时农业经济领域亟待解决的新问题并提出宝贵建议。

农业经济管理学科逐渐成熟期的后期是农村家庭联产承包责任制试行阶段，是中国经济体制改革酝酿阶段，是中国经济从计划经济向市场经济过渡初期。在这个阶段的末期中国经济开始逐渐对外开放，农业经济迈向快速发展轨道，农业经济管理学科也逐渐跨入快速发展期。

（四）农业经济管理学科建设成效显著

农业经济管理学科逐渐成熟期从 1950 年到 1980 年所跨时间较长，而且在这一时期，无论是中国社会经济、农业经济发展实践，还是国家关于"三农"的政策演进与制度变迁，抑或是农业经济管理学科的学术研究等各方面逐渐走向成熟。

1. 随着政策演进、制度变迁、学术研究逐渐繁荣推动了学科建设进程

这一时期社会经济各方面都有所变化，且各方面逐渐改善，逐渐走向成熟。尤其是农业经济实践、"三农"政策制度与学术研究都具有跨越式发展，因此这一时期农业经济管理学科建设也逐渐成熟，且随着社会主义计划经济转轨为社会主义市场经济过程中，农业经济管理学科即将走向快速发展的轨道。

随着农业经济管理学科相关学术研究逐渐走向正规，该学科教育教学发展也逐渐正规化，由高等教育主管部门组织制定和颁行的教育教学相关制度逐渐成熟与完善，农业经济管理学科建设逐渐走上正轨。

这一阶段，我国的高等学校于 1952 年开始普遍设置专业，1958 年后，专业划分变细，新专业急剧增加。1963 年调整专业范围，归并过窄专业，统一专业名称，以 1957 年专业目录为基础，修订并发布《高等学校通用专业目录》，共列专业 432 种。1977 年高考制度恢复后，大部分专业恢复，并设新专业。1980 年全国高等学校所设专业达 1039 种。随着教育教学制度的不断完善，相关的"三农"学术研究工作逐渐规范，农业经济管理学科建设逐渐成熟。

2. 随着学科相关学术研究事业逐渐繁荣，学科相关教学与研究机构逐渐完善

这一阶段随着学术研究事业繁荣发展，从而促进了农业经济管理学科教学与研究机构的建立，教育教学机构逐渐健全，学科人才培养体系逐渐完善。

该时期内，在 1927 年浙江大学设立了"农村社会学系"，主要建设农业经济管理学科，1936 年将系名改为"农业经济学系"。在 1952 年金陵大学（南京农业大学的前身）农业经济系和国立中央大学农业经济系合并组成南京农学院农业经济系，主要建设农业经济管理学科，培养农业经济管理专业人才。

农业经济管理学科关于"三农"问题的学术研究越来越受到重视，并逐渐

繁荣，使得农业经济管理学科高等教育开始逐步走向正规化。在 1953 年教育部制订并颁布了农业经济学系教学计划，随着 1961 年教育部"高教 60 条"的颁布农业经济学高等教育逐步走向正规。

第二节　学科发展期与转型期的相关学术研究

这一节主要介绍农业经济管理学科快速发展期与转型期的相关学术研究，快速发展期是 1981～2000 年，历时 20 年；农业经济管理学科转型期为 2001～2020 年，历时 20 年，本节将这两个时期农业经济管理学科的相关学术研究进行简单梳理。

一、农业经济管理学科发展期的相关学术研究

1981～2000 年，农业经济管理学科的研究方向和研究的焦点问题与国家改革开放实践、相关政策及制度密切相关，研究的内容大部分是农村家庭联产承包责任制实施后农业经济的成绩与出现的问题。这一部分内容仍然从农民、农业和农村三个方面梳理农业经济管理学科快速发展期的相关学术研究成果。

（一）关于农民问题的学术研究

这一时期从农村家庭联产承包责任制实施与农村改革开始，在 1981 年后全面推行经济体制改革后，农业经济领域的研究一直是学者们所关注的焦点所在，其研究成果离不开农业、农村与农民（"三农"）相关问题。

1. 关于农民问题的学术研究特征

这个时期农民相关热点问题、焦点问题与研究方向的特点表现为以下几个方面：

（1）关于农民问题研究成果数量较多。

在农业经济管理学科快速发展期，通过知网搜索关于农民问题的研究文献的期刊论文数量多达 103272 条，平均每年公开发表 5163.6 篇关于农民问题的论文。

这些公开发表的研究成果有 21489 条是发表于中文核心期刊，占关于农民问题研究成果总数的 20.8%，平均每年有 1074.45 篇关于农民问题的论文在较高级别的中文核心期刊公开发表，其中 3221 篇论文发表于 CSSCI 核心期刊。

通过梳理关于农民问题研究成果呈现的特征为：在 20 世纪 80 年代，改革开放开始后，农村家庭联产承包责任制实施的前几年里，专家学者们的研究多集中于农民身份、农民文化观、农民的社会地位等问题研究。在 20 世纪的 90 年代，经济体制改革 10 多年后，专家学者们对农民问题的研究成果较多，原因之一是改革开放十余年来，农村改革的绩效与改革过程中的问题都逐渐显现，所以专家学者们具有针对性的研究政策绩效与相关问题的成果逐渐增多。

（2）农民相关问题研究涉及的范围与研究对象较广泛。

这一时期关于农民问题的研究成果所涉及的范围与研究对象较广泛，包括：关于农民的思想意识、法律意识、政治意识等思想意识问题；关于农民组织、农民经营行为等农民意愿与行为问题。关于农民收入、农民消费、农民工生活、农民负担等农民的生存与发展问题；关于农民生育、农民职业等农民社会保障问题；关于农业劳动力投入、土地经营、农业技术应用等农业生产要素使用行为等相关问题的研究。这个阶段关于农民问题研究的焦点问题与热点问题较集中的是家庭联产承包责任制实施后农民身份问题、农民素质问题、农民增收问题、农民土地利用问题、农民生活与农民社会保障等问题。

同时，农民问题受到社会各界的关注。我国作为农业大国，农业是国民经济的基础，一直以来，"三农"问题是社会各界所关注的问题。在农业经济管理学科快速发展期"三农"发展的实践问题尤其受到政府、涉农部门、各类农业经营主体的关注，对于"三农"发展的学术研究问题也引起许多其他领域专家学者的重视，专家学者们从不同侧面、不同角度研究了农民问题。

2. 农民问题的主要研究领域与研究成果

在农业经济管理学科快速发展期，关于农民问题的研究所涉及的领域、研究方向较上两个时期增加，所以，研究成果也较多。

（1）关于农民行为与收入等问题的研究成果。

这一时期，随着农业经济的快速发展，农民行为与农民收入问题成为"三农"的热点问题，对这些问题的研究逐渐受到专家学者们的重视。

在农村家庭联产承包责任制推行后，家庭联产承包责任制一旦成为一种可行的生产模式，我国农民毫不迟疑地选择该制度（林毅夫，1988）。在这一制度的实施下农村经济得到较大发展，同时，随着经济的快速发展，这一时期城乡二元结构矛盾开始凸显，农村工业化、城市化和农民市民化等相关问题也较为突出，要从根本上解决城乡二元结构的矛盾，应在农村大力发展非农产业，促使大量的剩余劳动力从农业中转移出来，在农村发展或新建的城市集聚，使农业转移劳动力变为城市市民，即农村工业化、城市化和农民市民化应当协调一致发展（黄祖辉，1989）。因而，这一时期农村非农化问题也受到关注，农村非农化过程中农户（农民）分化成为农村非农化的重要内容（姜长云，1995）。

同时，这个时期农民收入与农业快速发展之间的关系并不是完全统一的，有时是矛盾的，如何协调好两者的关系，既能增加农民收入，又能促进农业稳定发展的问题（马晓河，1994）受到重视。由于农民缺乏自我保护的自组织能力、乡村组织存在短期行为倾向等问题的存在，造成农民负担与收入水平之间的脱节（贺雪峰，2000）。这些问题是改革过程逐渐出现的实际问题，并在农村改革实践过程中不断得到解决。

（2）关于生产要素投入与组织问题的研究成果。

随着农业产业化经营方式的广泛采用，农民的要素使用与组织化程度问题成为研究的焦点问题，关于农村生产要素中土地制度的变革应从土地制度的基础结构入手进行较大改造（刘守英，2000），政府应该给农民创造一个更好的制度环境，土地使用权应成为农民的财产权利（杜润生，2000）。同时，只有依靠现代农业技术，才能打破传统农业的低水平状况（林毅夫，1990），这一时期，农民行为与政府行为关系（严瑞珍，1997）问题、如何充分发挥农民合作组织的作用促进农业和农村经济发展（郭红东，1999）问题，以及我国新型农民合作社发展的实践（杜吟棠，2000）等问题的研究也受到极大的重视。这些研究成果对于农业要素合理投入与农业组织化程度提高具有较大的指导作用。

（二）关于农业问题的学术研究

"三农"问题中农业问题是重中之重，不管在哪一个时期都是社会各界关注的重点，农业问题的研究成果在各个时期都是最多的。在农业经济管理学科快速发展期关于农业问题的研究成果也比农民问题的学术研究成果多。

1. 关于农业问题学术研究的特点

这一时期无论是从数量上还是研究的范围方面来看，关于农业问题的研究成果都是"三农"问题研究的重点。

（1）农业问题研究成果数量较多。

该阶段关于农业问题的研究成果数量逐渐增多，通过知网搜索的结果显示关于农业问题的研究文献高达 214681 条，与农民问题研究的文献数量 103272 条比较，农业问题研究成果数量是农民问题研究成果数量的 2.08 倍。

关于农业问题的研究成果平均每年公开发表 10734.05 篇，其中发表于中文核心期刊的论文有 44640 篇，是关于农民问题发表于核心期刊论文 21489 篇的 2.08 倍。在农业问题的研究成果中有 5302 篇被 CSSCI 期刊收录，是关于农民问题 CSSCI 期刊论文数量 3221 篇的 1.65 倍。

（2）关于农业问题的研究范围较广。

在农业经济管理学科快速发展期，关于农业问题学术研究的特点不仅表现为农业问题研究成果的数量多，而且表现为关于农业问题研究方向与选题呈现多元化特征，农业各方面的相关问题更加受到社会各界的关注。

相关文献对农业产业各方面存在的问题，以及社会各界关注的热点问题从不同研究角度、不同侧面，应用不同的研究方法，对不同农业问题具有针对性地进行了研究，为农业发展提供了理论与实证依据，提出有价值的建议与措施，对解决农业相关问题做出较大的贡献。同时，极大地推进了农业经济管理学科的发展。

2. 农业问题的主要研究方向与研究成果

在农业经济管理学科快速发展期，专家学者们对农业问题的研究成果较为集中的有农业规模经营、农业结构调整、农业现代化、农业科技、农业产业化与农业经营方式，以及农业增效与农业政策等问题的研究。

（1）关于农业规模经营、产业化等问题的相关研究。

1）关于农业规模经营问题。

进入 20 世纪 80 年代后的发展阶段，农业结构调整与国民经济发展关系更加密切，应该以农业结构调整支撑国民经济增长，并通过国民经济健康发展，为农业结构调整创造宽松的外部环境（张红宇，2000）。对农业问题的研究成果中农业规模经营与农业结构调整问题的研究大多集中于 1990 年以后，较有影响力的是这一阶段农业的集约经营与持续发展受到重视，我国现代集约持续农业发展的目标要求中国农产品供给的保障必须立足本国（梅方权，1995），农业和农村经济的战略性结构调整（陈锡文，2000）成为重要策略，调整方向为全面提高农产品的质量、合理调整农业生产的区域布局、扩大农产品的转化和加工、积极实施发展小城镇的大战略等方面。

2）关于农业产业化问题。

从 1980 年到 2000 年，随着农业增效目标的追求，农业问题不仅仅体现于生产方面，更多的问题是如何提高农业产业的附加值，以及农业进一步发展的主要矛盾已经从生产领域转向市场流通领域，农业产业化进程中的农产品流通体制需要进行改革（温思美，2000）。所以，这一阶段对农业产业化问题研究的成果较多，首先确定了农业产业化的含义，农业产业化即农业产业一体化，农业产业化是"农工商、产供销一体化经营"的简称（牛若峰，1997），发展农业产业化成为我国农村经济现代化的必由之路（严瑞珍，1997），通过培育农业产业组织体系可以推动农业产业化发展（刘玉满，1998）。这些研究成果为我国农业产业化发展、提升农业经济发展水平，甚至促进社会经济发展提供了理论依据与实证参考。

（2）关于农业科技与农业政策等相关问题的研究。

1）关于农业科技问题。

农业科技与农业政策问题是农业增长与农村发展长期需要考虑的问题，这一阶段也不例外，农业的根本出路在于科学技术，要建立新的农业科技创新体系，必须对我国目前农业科技体制及投入模式进行一场深刻的改革（黄季焜，2000）。这个时期除了农业科技投资体制与模式问题受到重视外，农业科技进步贡献率究竟有多大的问题较受关注，朱希刚先生（1997）研究了我国农业科技进步贡献率的测算方法，并在介绍农业科技进步贡献率含义的基础上，提出了适合我国农业特点的农业科技进步贡献率测定方法。

2）关于农业政策及其他问题的研究。

这一阶段关于农业政策的研究包括：中国农业政策改革效应（程国强，1998）的研究，有关国家农业行政管理体制的设置及启示（冯海发，1998）的研究，以及国外的一些农业政策问题，如日本的农业政策改革（杜鹰，2000）等问题的研究。这些具有代表性的影响力较大的研究成果多数被列入农业经济管理教科书中，对于农业经济管理学科与专业发展做出极大的贡献。

除了上述研究的焦点问题外，还有对中国的三元经济结构与农业剩余劳动力转移问题（陈吉元，1994）的研究，中国农村经济改革与发展的新阶段与新思路（韩俊，1999）的研究，我国农业和农村经济发展的新阶段、新态势与新对策（赵冬缓，2000）等热点问题的研究，以及关于农业其他问题的研究成果包括农业的土地、农业劳动力、农业资金投入与农业资源开发利用等关于生产要素等问题研究仍然为重点，同时，农业保险问题、农业贸易、农村金融、农业生态、农产品国际竞争力等问题都是专家与学者们关注的焦点与热点问题。

（三）关于农村问题的学术研究

农业经济管理学科快速发展期关于农村相关问题研究的领域扩宽，研究方向增多，相应的学术研究成果也较多。

1. 关于农村问题的研究方向与研究焦点

在农业经济的快速发展期，关于"三农"问题的各方面的研究成果都较多，这个阶段，关于农村问题公开发表的成果数量较多、研究方向较广。

（1）关于农村问题研究成果的数量增多。

关于农村相关问题的研究文献的数量在农业问题与农民问题之间，按照知网搜索结果显示关于农村问题的研究文献有 170229 条，平均每年公开发表 8511.45 篇关于农村问题的论文，比农民问题的研究成果每年多 3347.85 篇，比农业问题的研究成果每年少 2222.6 篇。关于农村问题的研究成果中核心期刊发表的数量为 37177 篇，比农民问题核心期刊论文多 15688 篇，平均每年多 784.4 篇；比农业问题的核心期刊论文少 7463 篇，平均每年少 373.15 篇。

这一时期，关于农村问题的成果发表于 CSSCI 期刊的有 5227 篇，仅比农业问题 CSSCI 期刊论文的 5302 篇少 75 篇，平均每年少 3.75 篇。

（2）关注农村相关问题的专家学者较多，研究范围较广。

在农业经济管理学科快速发展时期，关注农村问题的专家学者逐渐增加，而且农村问题的研究范围逐渐扩大，农村问题的研究成果较多。

这个阶段的农村问题研究范围较广，主要集中于农村社会保障、农村基层工作、农村劳动力、农村生态环境、农村土地问题、农村公共物品、农村基础设施建设、农村教育、农村城镇化、农村贫困、农村社会制度等问题的研究。

2. 关于农村问题的主要研究方向与学术成果

由于农业经济管理学科快速发展期对农村问题的研究成果较多，所以，这里仅列出一些主要研究方向的成果与具有代表性的成果。

（1）关于农村劳动力转移等问题的研究。

在该时期，农村经济快速发展，农村、农业和农民问题相互交融，焦点与热点问题较为突出。国家发展策略和体制选择决定了农村就业的机会空间，农村劳动者的素质决定他们抓住就业机会的能力（周其仁，1997），这一阶段中国农村劳动力流动的群体特征表现为：农村产业和就业结构调整，已不可能只限于在农业和农村内部进行，而势必要拓展到城乡之间（杜鹰，1997），转移农村剩余劳动力的主要途径是发展中小企业（李子奈，2000）。

除此外，对农村投资与金融问题的研究具有代表性的有农村股份合作企业产权制度（张晓山，1998）的研究、社会主义市场经济中的农村合作金融组织问题（方贤明，1998）的研究。这些学术研究对于农村经济发展具有实践指导意义。

（2）关于农村经济等相关问题的研究。

这一阶段，关于农村经济发展问题的研究成果也较多，这些成果说明了该时期农村经济发展加快，但是有些矛盾也较为突出，如推行家庭经营联产承包制的改革以来，各个经济区域依据各自不同的资源禀赋在发展中不断分化，农村区域间的经济发展越来越不平衡（张平，1998），农村区域间居民收入差异的存在及其变化不但关系到社会与政局的稳定，而且影响国民储蓄与投资（万广华，1998）。同时，有专家预测在21世纪农业发展目标为实现农业现代化，集约持续农业是中国通向农业现代化的重要抉择（刘巽浩，1996）。

（3）关于农村制度等问题的研究。

这一时期农村相关制度包括经济制度与社会保障制度。中国农村健康事业取得伟大成就的重要原因之一是政府对群体预防活动的强有力支持，如农村基本医疗保健保障制度选择（朱玲，2000）。该时期中国农村改革与发展正在进入一个新的阶段，并面临着一些亟待解决的新矛盾与新问题，需要认真分析和研究并选择可行的政策措施来化解这些矛盾和问题，并应该探讨新的发展思路（韩俊，1999）。农村各方面的制度改革随着社会经济的快速发展需要不断深化。

同时，在将来很长一段时间要稳定农村土地承包关系（韩长赋，1998）。农业发展到这一阶段，农村家庭联产承包责任制推行带来的利好已经全部显现，在中国农村改革"两个飞跃"思想的第一个飞跃已经完成，小规模家庭经营走向适度规模经营的第二个飞跃具有必然性（陈吉元，1994）。这些方面的学术研究既具有理论意义，又是"三农"发展实践策略的重要参考。

（四）这一时期农业经济管理学科得到快速发展

随着经济体制改革与对外开放政策的实施，这一时期农业经济管理学科的学术研究对象、领域、研究方法都具有多元化，并且农业经济问题得到社会各界的关注。同时，这一时期与农业经济管理学交叉性的学科发展较快。因而农业经济管理学科发展无论是在"三农"发展实践、"三农"政策与制度，还是在学科人才培养、学术研究等方面都得到快速发展。

1. "三农"问题研究的繁荣为学科快速发展提供了学术支撑

20世纪80年代后，随着农业经济管理学科相关"三农"实践发展的热点与焦点问题的不断变化，迫切需求解决问题的政策与制度供给，因而"三农"政策与制度不断出台与完善，专家学者们的学术研究非常活跃，学术思想与观点为解决实践存在的问题提供了强有力的理论支撑与实证依据。因而，这一时期农业经济管理学科也得到前所未有的发展。

农业经济管理学科本科教育发展速度非常快，自1984年后，教育部陆续修订本科有关学科的基本专业目录，拓宽专业面，减少专业种类数，并增设必要的新专业，1987年修订的本科专业目录共列专业651种。

这一阶段，各大高校开始从事农业经济管理学科硕士研究生与博士研究生教育。1981年浙江大学经国务院学位委员会批准，重新获得农业经济管理学科硕士学位授予权。1981年中国农业大学获农业经济管理学科硕士授予权。1985年南京农学院农经系开始招收农业经济管理学科博士研究生。1986年中国农业大学获农业经济管理学科博士授予权，开始了博士研究生教育。

2. 20世纪90年代"三农"问题的学术研究促进了学科快速发展

20世纪90年代"三农"问题的学术研究促进了学科快速发展。在1987年修订的本科专业目录的基础上，1992年进行了调整，共列专业504种，分属10个门类，1998年从10个学科门类调整为11个学科门类，农业经济管理学科属于管理学科门类下，一级学科，设有农林经济管理与农村区域发展两个二级学科，这两个学科均可以授管理学学位，也可以授农学学位。目录外专业与农业经济管理学科相关的专业有食品经济管理、农产品质量与安全、农业经济管理教育、农产品储运与加工教育、环境资源与发展经济学等专业。

1997 年国务院学位委员会和国家教育委员会联合下发的《授予博士、硕士学位和培养研究生的学科、专业目录》对学科做了部分调整，将"农业经济学科"从原来在经济学学科门类下的二级学科调整为管理学门类下的一级学科"农林经济管理学科"，并在"农林经济管理学科"一级学科下设有"农业经济管理"和"林业经济管理"两个二级学科，授管理学学位。1990 年浙江大学获得农业经济管理学科博士学位授予权和博士后流动站，2000 年获准设立农林经济管理一级学科博士点。

这一时期，农业经济管理学科的学科交叉性更明显，导致研究领域进一步拓展，研究对象越来越多元化，从事农业经济问题的专家扩展到其他学科，促进了农业经济管理学科的快速发展。

二、农业经济管理学科转型期的相关学术研究

在农业经济管理学科转型期，关于农业经济实践的焦点问题与热点问题不断变化，科学研究、学科发展所依据的国家政策与制度侧重点发生了变化，该学科的研究方向和侧重点也发生了转变。农业经济管理学科关于"三农"问题的研究从农业、农民和农村各个方面的学术研究成果进行梳理。

（一）关于农民问题的学术研究

在农业经济管理学科转型期，按照中国知网搜索结果显示，关于农民问题的研究成果较多，公开发表的论文有 377564 条，其中核心期刊论文有 70641 条，CSSCI 期刊论文有 38697 条，CSCD 期刊论文有 3025 条，被 SCI 来源期刊收录的论文有两篇，农民相关问题的学术研究重点如下：

1. 农民权益与组织问题研究

（1）关于农民权益问题的研究。

农民权益问题相关研究包括农民受益权、土地承包权、经营权与土地流转权等土地方面的相关权益的学术成果较多。

关于农民土地产权认知、土地征用意愿与征地制度改革关系，钱忠好（2007）研究认为土地所有权、土地增值收益权、土地征用谈判权是影响农民土地征用意愿的关键因素，并提出要提高农民对现行征地制度的满意程度，就必须根据农民的土地产权认知改革现行的征地制度。关于农地经营权流转的研究具有代表性的是农地经营权流转与农民劳动生产率提高的关系（冒佩华，2015）的研究，研究认为转入土地的农户家庭总劳动生产率水平将因农业生产效率水平的提升而提高，转出土地的农户家庭总劳动生产率水平将因非农劳动生产率水平的提升而提高，未参与土地流转的农户家庭总劳动生产率绝对水平保持不变。这一时期农民对土地承包权、使用权和经营权相关问题的研究成为焦点问题。

（2）关于农民组织问题的研究。

这个阶段对农民组织问题有较深入的研究，包括：中国农村基层民主的发展样态及逻辑（马华，2018）的研究，中国农村市场化进程中的农民合作组织（苑鹏，2001）的研究，农民专业合作社成员合作意愿及影响因素（孙亚范，2012）的研究，成员异质性、风险分担与农民专业合作社的盈余分配问题（黄胜忠，2014）的研究，中国农民专业合作社为什么选择"不规范"问题（应瑞瑶，2017）研究，社会资本对农民专业合作社成长的影响（李旭，2019）等问题的研究。这些方面的学术研究涉及土地产权制度、农民组织化制度等经济制度的进一步改革与完善问题，以及政府对农民合作组织发展应体现在加强合作社立法建设、制定经济扶持政策、提供公共物品等方面，为农民合作组织健康成长营造良好的外部环境。

这一时期农民身份问题、权益问题、组织问题都与农业新型经营主体培育具有密切的关系，将农民培育为职业农民，涉农企业、家庭农场、农民专业合作社等这些新型经营主体的培育加强了农民参与组织的程度，农民的身份要么是职业农民，要么是经营组织的员工，同时也赋予了农民更大的权益。

2. 农民就业与收入问题的相关研究

（1）关于农民就业问题的研究。

在农业经济管理学科快速发展期，随着农村家庭联产承包责任制的推行，农民自己安排农业生产，出现季节性劳动力剩余，在城市经济改革开放、乡镇企业蓬勃发展的条件下，农村大量剩余劳动力离村不离农，在农闲时转移到城市或城镇打工，从此逐渐具有了农民工的称呼。

在该时期，农民就业问题仍然较为突出，农民工在这个时期已经成为一种广泛认同的职业，农民工也成为城市化、工业化过程中不可或缺的成分，农民工在不同时期所做的贡献都不可估量，这也使得农民工获得了除农业外的工资性收入。同时，在大城市就业、生活的农民工回乡将其新思想、新观念带到农村，也带动了农村社会经济的发展。但是这个时期也出现了不少问题，如农村青壮年劳动力的流失问题、农业经营者的老龄化问题，农村空心化问题等都在逐渐显现。

随着农民工择业、从业、创业行为的不断变化，对区域经济发展做出较大贡献。同时，区域经济发展水平对农民创业起着决定性的作用（朱明芬，2010）。这个时期对农民的称呼还出现了具有时代特色的名称"新型职业农民"。新型职业农民不是自然而然就可以形成的，而是需要特定的环境，土地制度、农业组织制度、政府的支持与服务以及农民教育制度成为新型职业农民生成的重要环境因素（朱启臻，2016）。关于该问题的研究具有代表性的有基于个人特征、外出务工特征角度的新生代农民工职业农民意愿（龚文海，2015）的研究，研究显示务工职业层次和职业声望低的新生代农民工选择返乡作职业农民的比例相对较高。

（2）关于农民增收问题的学术研究。

农民持续增加收入问题是"三农"问题的重中之重，也是一个长期要解决的问题，农民收入来源包括开拓农业外的新领域（张广胜，2001），发展劳动密集型产业是现阶段农村发展和农民增收的战略选择，在公共政策层面上提高农民务农劳动收入的关键是扩大和统一劳动力市场，最终目标是大规模转移农业劳动力（万宝瑞，2002），政府应该为农民创造就业机会（钟甫宁，2007），这就需要跳出传统与现代二元对立的思维定式，高度重视社会变革中的民性、民情及民意（徐勇，2010）。同时，在农民收入分配方面，这一时期统一城乡税制与调整分配政策（刘书明，2001）也受到较大程度的重视。

关于土地对农民收入的保障问题的研究认为：通过加速新型城镇化建设、完善农地流转制度以增强土地的规模化经营，可以在更大程度上发挥土地对农民增收的保障作用（骆永民，2015）。新常态下突破农民收入中低增长困境的新路径（蓝海涛，2017）是通过深掘适度规模经济、集体经营性资产、返乡农民工创业、土地制度改革、郊县经济和特色镇、农村产业融合等增收点。同时，农民专业合作社对贫困农户收入及其稳定性的影响（刘俊文，2017）较大，因此，这一时期各级政府、各部门也非常重视农业新型经营主体的培育，以及农民专业合作社与涉农企业对农民收入增加与解决贫困的辐射带动作用。

3. 关于农民其他问题的研究

随着农业经济的不断发展，关于农民的其他问题逐渐显现，并且成为必须解决的问题。在这一时期，农村经济发展形势（陈锡文，2006）、农村城镇化（周飞舟，2015）、城镇化过程中农民市民化（李永友，2011）、农民参与农村人居环境治理意愿（何可，2015）等问题较为突出。

这个阶段农民收入问题、农产品供给问题、农地制度问题等许多问题互相交融渗透，因而农民收入问题受许多因素影响，如农民增收的经济集聚、距离影响等（伍骏骞，2017）问题受到重视，要实现增加农民收入和保障有效供给的目的，农业发展应该由注重数量向注重质量转变，由常态发展向绿色、创新式发展转变，由政府主导为主向市场驱动转变，由传统式发展向激活要素市场发展转变，由第一产业为主向三产融合发展转变（万宝瑞，2018）。农民增收问题已经涉及"三农"各方面相互交织、相互促进、相互影响的众多问题。

（二）关于农业问题的学术研究

在农业经济管理学科转型期，关于农业问题的学术研究成果较多，中国知网搜索结果显示，关于农业问题的研究成果公开发表的论文有681854篇，其中核心期刊发表论文139538篇，CSSCI期刊论文46976篇，CSCD期刊论文34296篇，被SCI来源期刊收录论文124篇，重点介绍以下几个方面的研究成果。

1. 关于农业生产要素方面的研究成果

农业经济管理学科产生以来，关于农业问题的研究从来没有离开过生产力与生产关系的研究，生产力的研究包括了生产要素与科学技术的研究。在农业生产要素相关问题的研究中，最主要的要素应该是土地与劳动力要素问题的研究。

（1）关于农业要素的相关研究。

在农业经济管理学科转型期，关于农业生产要素方面成果依然较多，包括：农业生产投入要素结构变化与农业技术发展方向（胡瑞法，2001），我国区域农业全要素生产率的演变趋势与影响因素（高帆，2015），以及中国生物农业上市公司技术效率测度及提升路径（季凯文，2018）等相关问题的研究。

土地投入与制度方面的研究包括：新中国农地制度（许庆，2019），家庭联产承包责任制改革的制度变迁（丰雷，2019），以及农地确权、交易与农业经营方式转型问题（罗必良，2016）的研究，研究表明以土地集体所有、家庭承包、管住用途、盘活产权、多元经营为主线的制度内核，有可能成为中国新型农业经营体系的基本架构。同时，在农地产权结构、生产要素效率与农业绩效方面提出加强农地产权保护，增强农户产权排他性，推进农地处分权改革，以及从要素效率角度注重不同权利及政策之间相互协调等方面（李宁，2017）的相关建议。

（2）关于农业劳动力的研究。

我国农业劳动力数量和劳动生产率估算（孔祥智，2019）显示我国的农业劳动生产率在很大程度上被低估了，实际上农业劳动力流动对中国经济增长的贡献（伍山林，2016）较大。因此，在政策层面应该继续因势利导，推进土地和户籍制度改革，发挥工农业联动效应，进一步培育经济增长潜力，促进农业生产率进步、劳动力转移与工农业联动发展（徐建国，2016）。

在这个时期，对于农业劳动力方面的相关问题研究仍然较为关注农业劳动力转移问题，中国农业劳动力转移问题是长期以来生产力逐渐发展的结果，农业劳动力转移潜力（蔡昉，2018）问题研究认为：在跨入高收入国家行列的进程中，农业劳动力转移任重道远。

2. 关于农业经营规模与现代农业研究成果

在农业经济管理学科转型时期，随着农业产业化经营的逐渐规范化，现代农业的快速发展，农业经营规模不断扩大，农业经济主体出现多元化，相关研究成果也呈现多元化特征。

（1）关于农业规模经营的相关研究。

相伴现代农业的发展，农业结构不断调整、不断优化，农业的规模化经营是必然选择，农业的规模经营问题与农业结构调整问题一直受到土地呈细碎化特征的国家社会各界的关注，并一直在对该问题进行深入探讨。

随着规模经济的提高，农业生产效率的提升，农民收入逐渐增加，农村经济发展速度加快。这个阶段持续增加农民收入实现规模经济是最大的挑战（蔡昉，2016），发展现代农业需要实行规模化经营，我国农业经营规模只有扩大到具有经济可持续性的底线之上，才有机会缓解农业中的一系列其他问题（何秀荣，2016）。在实现规模化经营过程中，农业经济主体的多元化成为研究的热点问题，规模化经营需要发展新型经营主体，家庭农场是中国农业的出路（黄宗智，2014），因此，家庭农场的规模化经营（韩朝华，2017）问题、新型经营主体快速发展（阮荣平，2017）问题，以及新型农业经营主体社会化服务能力建设与小农经济发展的前景（赵晓峰，2018）问题受到重视。这一时期的新型农业经营主体不仅在理论上具有多种形式存在的依据，而且在实践中新型农业经营主体也形成多元化。

（2）关于现代农业的研究。

随着现代农业对传统农业的逐渐替代，农业结构调整、规模化经营、新型经营主体培育等相关问题的研究也成为发展现代农业过程中的研究方向，关于现代农业的含义傅晨（2001）等做了解释，在农村新型城镇化、工业化、信息化和农业现代化四化建设过程中，农业现代化、工业化和城镇化应该协调发展（曾福生，2013），而且，在我国农业现代化有自身的特征，既需要不断加大制度创新的力度，又需要不断改善政策调控，从市场机制和政府作用两个方面，为农业现代化注入强大推力，不断夯实农业基础，促进农业转型升级（张红宇，2015）。发展农业现代化要实现现代农业与小农户的有机衔接（孔祥智，2018；叶敬忠，2018），实现小农户与现代农业发展的人格衔接、组织衔接和关系衔接，通过龙头企业加土地股份合作社、农业服务组织带动小农户发展现代农业（孙东升，2019）等措施，促使小农户与先进农业的有效衔接。

3. 关于农业供给侧结构与制度的相关研究

（1）农业供给侧结构与农产品竞争力的相关研究。

随着农业经济的不断发展，在农业供给侧出现的问题也较为突出，部分农产品供给过剩，部分农产品总量不足，有些农产品还存在质量不高的问题，因此农业供给侧结构性改革成为必然（孔祥智，2016），农业供给侧结构性改革的若干问题需要深入思考（宋洪远，2016）。在农产品国际竞争力方面还需要加强，在我国加入 WTO 后，有专家就我国"入世"对各地的影响进行了研究（卢锋，2001），朱晶（2018）详细分析了开放进程中我国农产品贸易的发展历程、问题挑战与政策选择。这一时期，农业的新动能应该是通过农业供给侧结构调整，增加供给不足的农产品，提高农产品质量，增强农业的国际竞争力。

（2）关于农业经营体系和制度的相关研究。

在进入新阶段我国农业、农村和农民问题不断出现（陈锡文，2001），改革以来，我国虽然在农产品供给方面取得了巨大的成就，但屡次出现的农业增产、农民减收的现象，使工业化进程严重受制于农村市场的扩张，因此必须采取措施促进我国农业基础性地位的转变（泰岩，2001）。同时，农业农村发展过程中经营者、政府、市场和社会都是参与者，应该加强和改善政府对农业农村发展的调控和引导，就需要基于农业市场化取向，改革农村基本经营制度和农业支持保护体系，以政府为主体，构建城乡一体化的基本公共服务体系，创新农村社会管理体制，重构政府行政管理体制（郁建兴，2009）。农业资本积累、制度变迁都与农业增长有着极大的关系（李谷成，2014），因此农业发展策略也在发生不断变迁（党国英，2016）。

新形势下农业产业结构呈现巴莱特定律，中国农业策略值得思考（万宝瑞，2017），需要准确判断将来现代农业经营体制机制，结合新型农业经营主体成长的内部、外部环境来看，中国特色现代农业经营体系将表现出分层化、规模化、专业化、协同化、企业化和规范化的发展取向（张红宇，2018）。

（三）关于农村问题的学术研究

在农业经济管理学科建设转型时期，农村问题研究成为"三农"问题研究的重点之一，尤其在2018年提出乡村振兴战略后，农村治理与建设问题的研究越来越多。中国知网搜索结果显示，关于农村问题的研究成果公开发表的论文有688146篇，其中核心期刊论文135715篇，CSSCI期刊论文70084篇，CSCD期刊论文9208篇，被EI来源期刊收录论文607篇，被SCI来源期刊收录论文18篇。

1. 农村经济发展与制度相关问题研究

在农业经济管理学科建设转型时期，农村经济得到快速发展，关于农村经济发展与改革制度仍然为研究的重点问题。

（1）关于农村劳动力与农民生活等相关问题的学术研究。

农村劳动力流动就业政策的放开是在改革开放之后，经历了一个从内到外、由紧到松、从无序到规范、由歧视到公平的过程（宋洪远，2002），有专家重新考察了以农村存在大量剩余劳动力的判断为逻辑起点的一系列有关"三农"的问题（蔡昉，2007），并进行了深入研究。

我国农民收入消费不平等问题（曲兆鹏，2008）研究表明消费不平等要低于收入不平等。通过增加农民收入与扩大农村消费研究，显示我国农村居民收入持续增长，消费总量提高、结构优化，消费倾向高于城镇居民等特征突出，而城乡、地区、人群差距拉大以及消费贡献率下降等问题明显（方松海，2011）。农民贫困的动态变化问题研究表明外出与贫困可能性之间的关系受到贫困标准的影响，贫困标准越低，外出的贫困减缓效应越明显（罗楚亮，2010）。

教育、户籍转换与城乡教育收益率差异问题（赵西亮，2017）研究提出：政府应该进一步加强对农村的教育投资，以促进更多农村居民进入城市体系，从而有利于我国经济的结构性转型。同时，农村金融发展较重要，农村存款、农业保险赔付与农民收入增长呈正向关系，而农村贷款、农业保险收入与农民收入增长呈负向关系，农业贷款促进农民增收存在着一定的滞后期，乡镇企业贷款不仅没有成为农民增收的重要途径，相反却在一定程度上抑制着农民收入的增长（余新平，2010）。

（2）关于农村经济发展的相关制度研究。

农村相关制度方面的研究具有代表性的有：通过在国际比较的视野下提炼出中国农村改革30年来的基本经验，及其对于发展中国家和转型国家的借鉴意义（蔡昉，2008）。这一时期，农村产权变迁问题（邓大才，2017）以及健全的农村金融信用担保体系与制度对于破解农户贷款难与金融机构难贷款的问题（韩喜平，2014）受到专家们的重视。

在目前及未来的中国农村发展中，需要高度重视和深入挖掘基础性制度和本源型传统，在传统与现代之间建立起必要的关联，才能形成具有中国特色的发展道路（徐勇，2013）。农村劳动力外流、区域差异与粮食生产问题研究表明在城镇化加速、农村劳动力外流加快的背景下，应高度重视农村劳动力外流对不同区域的影响，采取针对性的政策措施并推动制度创新，确保粮食生产安全，同时促进城乡统筹和区域协调发展（王跃梅，2013）。政府公共卫生投入的经济效应问题研究提出在中国各级政府持续加大农村地区公共卫生投入的同时，中国农村居民的消费收入比保持较高水平，并明显高于城镇居民（毛捷，2017）。

（3）关于农村扶贫的相关研究。

中国农村特色扶贫开发道路主要体现在农村资源的产权制度改革上，由此形成的资源产权激励效应和正向扩散效应，正是中国农村人口发生大规模减贫的最重要原因及主要经验，并构成了中国特色社会主义制度的一部分（张超，2018）。朱梦冰（2019）提出了为逐步实现农村扶贫标准和农村最低保障标准的"两线合一"观点，低保户识别标准需从单一收入标准向多维贫困标准转变，形成统一的最低保障标准，制定统一的识别方案，同时增加最低保障覆盖面和低保金投入，使最低保障制度真正起到兜底作用。

2. 乡村振兴与生态相关问题研究

在农业经济管理学科发展转型时期，乡村发展问题总是与农业、农民问题相伴而出现，所以，乡村发展相关问题的研究也体现了"三农"问题的关联性。

（1）关于乡村振兴的相关研究。

早期乡村发展问题研究主要包括农村地区的土地产权问题（邹薇，2006），农村地区收入差异与人力资本积累问题，农村集体土地产权制度改革与城乡统筹相结合问题（曲福田，2011）等。

在我国政府 2018 年提出乡村全面振兴的策略后，实施乡村振兴战略与推进农业农村现代化的关系更加需要关注（陈锡文，2018），也有专家通过总结国外乡村振兴经验（芦千文，2018）分析我国乡村振兴的途径。

（2）关于农村生态建设的相关研究。

乡村振兴的五个具体振兴策略中包括农村生态环境问题，相关问题研究由专家通过中国农村生态环境质量动态评价结果显示农村生态环境质量总体呈现恶化趋势，农村生态环境承受的污染排放压力越来越大，环境治理投入较少，尚未形成对农村生态环境恶化情形的逆转（王晓君，2017），以及中国农村生活环境公共服务供给效果及其影响因素（罗万纯，2014）的相关研究。有专家建议从战略层面切实保证水土资源的核心和基础地位；加强农村生态环境保护，提升农村居民生态福祉；发展中医生态农业，实现农业绿色发展（于法稳，2018）。

（四）农业经济管理学科建设应当不断革新

在农业经济管理学科建设转型时期，农业经济管理学科发展具有较大的转折，包括人才培养、科学研究等各方面。

1. 学科人才培养目标、模式在不断变革

农业经济管理学科建设的转型期，"三农"相关问题的学术研究对象与研究的问题越来越广泛，所以，农业经济管理学科建设的方方面面需要调整与转型。

这主要表现在本科人才培养的指导原则与培养方向不断调整。在 2010 年教育部发布普通高等学校本科专业目录修订工作的通知，并随后进行了专业调整，在 2012 年形成了新的《普通高等学校本科专业目录》，并制订了《普通高等学校本科专业设置管理规定》，依据这些文件进行了专业设置和调整。2012 年专业目录调整后的专业所属学科门类与国务院学位委员会、教育部 2011 年印发的《学位授予和人才培养学科目录》的学科门类基本一致，为 12 个学科门类。2018 年发布的《学位授予和人才培养学科目录》对学术学位研究生招生与学位授予学科门类目录与一级学科授权数量进行了调整，成为 13 个学科门类，109 个一级学科授权学位。农林经济管理成为管理学学科门类设置 5 个一级学科之一，该一级学科下设有农业经济管理学科和林业经济管理学科两个二级学科，授予管理学学位。

2. 学科建设应该随着"三农"实践与政策制度的转变而不断革新

随着社会经济的快速发展，人民生活水平日益提高，我国的主要矛盾发生了变化，在党的"十九大"报告中明确指出，中国特色社会主义进入新时代，我国社会主要矛盾已经转化为人民日益增长的美好生活需要和不平衡不充分的发展之间的矛盾。我国社会中最大的发展不平衡，是城乡发展不平衡；最大的发展不充分，是农村发展不充分。农业农村农民问题是关系国计民生的根本性问题，必须始终把解决好"三农"问题作为全党工作的重中之重。

随着农业经济发展实践不断提出新问题、产生新矛盾，农业经济管理学科学术研究方向与研究领域扩宽、研究方法呈现多元化，专家学者们从不同角度、不同侧面、不同切入点研究"三农"急需解决的问题，研究成果不断提出新思想、新观点，并不断提出解决"三农"问题的建议。政策与制度也随着"三农"实践问题解决的新需求、研究成果的新观点进行不断变迁，在此背景下，农业经济管理学科建设与时俱进，不断转变方式，不断进行革新。无论是"三农"发展实践提出解决问题的新要求，或是农业经济发展出现的新矛盾，抑或是农业经济管理学科建设遇到的新挑战，这些都促使农业经济管理学科进行不断革新，农业经济管理学科发展与专业建设进行深化改革与不断转型。

第四章 教育教学制度变迁与农业经济管理学科发展

在社会经济发展的不同阶段，"三农"发展出现的主要矛盾与急需解决的新问题有所不同，随着解决"三农"问题的焦点与"三农"工作重点的变化，农业经济管理学科建设制度与专业设置制度也随之不断变革。本章包括两节内容，主要梳理四大阶段农业经济管理学科教育教学制度、教育教学研究成果等，第一节为学科初创期与逐渐成熟期的学科教育教学制度与相关研究，第二节为学科快速发展期与转型期的学科教育教学制度与相关研究。

第一节 学科初创期与成熟期教育制度与相关研究

农业经济管理学科初创期与逐渐成熟期这两个时期农业经济管理学科建设与学科教育教学制度、教育教学研究主要集中于学科逐渐成熟期这个阶段，初创期的教育制度与教学研究成果很少。因此，本节内容将两个发展阶段的教育教学制度与教学研究成果放在一起进行梳理。

一、学科初创期与成熟期的教育教学制度

农业经济管理学科发展在初创期（1914～1949 年）与逐渐成熟期（1950～1980 年）两个阶段的教育教学制度主要见于逐渐成熟期，在这个时期真正开始农业经济管理学科教育教学制度的制订、调整与完善。

（一）教育部门出台的教育教学相关制度与文件

这两个阶段的教育教学制度的制订呈现高考制度恢复前后的不同特征，该部分内容按照高考制度恢复前与高考制度恢复后的农业经济管理学科相关的教育教学制度进行梳理。

1. 新中国成立后到高考制度恢复前的相关教育教学制度

新中国成立后，教育教学相关制度由政府的高等教育主管部门组织制订和颁行，所制订的教育教学制度是高等学校及各有关主管部门规划和审定专业设置，以及进行招生、课程设置、教学安排、毕业生分配等各项工作的重要依据。我国在新中国成立后，高等学校普遍于 1952 年开始设置专业，1958 年后专业划分变细，新专业急剧增加。

1963 年国家计划委员会、教育部根据"宽窄并存，以宽为主"的原则，调整专业业务范围，归并过窄专业，统一专业名称，以 1957 年专业目录为基础，修订并发布《高等学校通用专业目录》，共列专业 432 种（其中试办专业 59 种），包括：工科 207 种、农科 33 种、林科 14 种、医药 10 种、师范 17 种、文科 53 种、理科 42 种、财经 10 种、政法 2 种、体育 8 种、艺术 36 种，各个高等学校据此调整专业设置。但是，在 1965 年，实有专业种类增至 601 种后，直到恢复高考制度之前的一段时间，大批专业又被撤销，专业划分也不太明确。

2. 高考制度恢复后的相关教育教学制度

自 1977 年高考制度恢复后，大部分高校的专业逐渐恢复，并设置新专业。1980 年全国高等学校所设专业达 1039 种。

在农业经济管理学科发展的下一阶段中，自 1984 年起教育部（国家教育委员会）陆续修订本科目录中的学科门类，学科门类下设的一级学科和二级学科的基本专业目录，拓宽了专业面，有的专业所属按照一级学科和二级学科划分，也有一些专业属于三级学科的，而且在农业经济管理学科发展的下一阶段减少了专业种类数，并增设了必要的新专业。

（二）农业经济管理教育教学发展过程

我国是一个农业大国，农业经济的发展与否对于国民经济发展至关重要。随着中国社会经济形势不断变化，农业经济管理学科作为一门独立的学科也在曲折中逐渐发展起来，各大院校的农业经济管理学科的发展也不断遇到新的挑战。

虽然本书没有找到农业经济管理学科发展在初创期（新中国成立前）的相关教育教学制度，但是该学科在 1914 年后就开始了高等教育教学工作，对农业经济管理学科教育教学工作的发展过程梳理如表 4 - 1 所示。

表 4 - 1　农业经济管理学科相关事项的建设过程

	最早开设课程	最早成立专业	最早成立农经系	最早的教学计划	最早招收研究生
年份	1914 年	1920 年和 1921 年	1927 年和 1952 年	1953 年和 1962 年	1936 年和 1985 年
学校	①国立北京大学校农科大学（国立北京农科专门学校前身）（1914）②国立北京农业专门学校（1914）	①金陵大学（南京农业大学前身）（1920）②国立北京农业专门学校（北京农业大学的前身）（1921）	①国立北京农业专门学校（北京农业大学前身）（1927）②浙江大学（1927）③金陵大学（南京农业大学前身）（1952）	①教育部（1952年北京农业大学集中学习）（1953）②教育部（1961年"高教60条"）（南京农业大学召开会议）（1962）	①南京农业大学硕士生（1936）博士生（1985）②浙江大学硕士生（1942）博士生（1990）③中国农业大学硕士生（1981）博士生（1986）

1. 最早引进农业经济管理学科相关课程的时间与学校

农业经济管理学科作为一门独立的学科，是从开设农业经济管理相关课程而建立起来的。中国农业经济管理学科产生与该学科教育教学是 20 世纪初经许璇教授留学回国引进农业经济学课程而兴起的，之后随着中国社会经济形势不断变化，农业经济管理学科也在曲折中逐渐发展起来。

表 4 - 1 显示在农业经济管理学科的初创时期，1913 年夏天许璇教授从日本东京帝国大学留学回国后，就职于国立北京大学校农科大学，并在 1914 年开设农业经济管理学科的相关课程，从此后一些高等院校逐渐开设了农业经济管理学科相关专业的设立与招收专科生、本科生，并逐渐成立农业经济系等教学机构。1914 年国立北京大学校农科大学改称国立北京农业专门学校，直属北洋政府教育部，后期该学校几经改名，为北京农业大学的前身。从引进农业经济学课程到 21 世纪 20 年代，中国的农业经济管理学科教育和科研也走过了百余年的历程，

中国的农业经济管理学科教育与科研始终围绕着历史性转变前后所出现的各种问题而不断进行调整。

2. 最早成立农业经济管理学科相关专业的时间与学校

在农业经济管理学科的初创时期，从农业经济管理学科相关课程开设后，某些高校逐渐开始设置农业经济管理专业，最早设立农业经济管理专业的学校有金陵大学（南京农业大学的前身）和国立北京农业专门学校（北京农业大学的前身），1923年国立北京农业专门学校改称为国立北京农业大学。金陵大学在1920年开设了农业经济管理本科专业，国立北京农业专门学校在1921年废预科改本科的学制变革时设立了农业经济门，即现在所称的农业经济专业（见表4-1）。自此农业经济管理学科正式设立了专业开始培养农业经济管理学科的专门人才。到2020年农业经济管理专业人才培养已历经百年。

3. 最早成立农业经济管理学科机构的时间与学校

北平大学农学院（北京农业大学的前身，今中国农业大学的前身）是最早成立农业经济管理学科机构的院校，在1927年国立北京农业专门学校成立农业经济系，开始系统培养农业经济专业人才，1928年国立北京农业专门学校改名为京师大学校农科（见表4-1）。这一阶段，该学科虽然受到了军阀割据和日本入侵的冲击，但是北平大学农经系仍然培养了一大批优秀毕业生。从1931年仅有5名毕业生开始至1949年农业经济系累计培养毕业生186人。1949年新中国成立后，原北京大学农学院、清华大学农学院、华北大学农学院及辅仁大学农学系合并成立北京农业大学，农业经济系设立于北京农业大学。

这一时期，浙江大学农业经济管理学科渊源于20世纪30年代前的浙江大学农村社会学系，浙江大学于1927年设立农村社会学系，1936年农村社会学系改名为农业经济学系。在1952年金陵大学（南京农业大学的前身）农业经济系和国立中央大学农业经济系合并组成南京农学院农业经济系（见表4-1）。

无论是金陵大学还是国立北京农业专门学校都是农业经济管理学科专业人才培养的发源地之一，金陵大学农业经济系作为南京农业大学经济管理学院（经济与贸易学院）的前身；国立北京农业专门学校农业经济系，后来发展为北京农业大学农业经济系，再发展为中国农业大学经济管理学院。同时，浙江大学将1927年设立的农村社会学系在1936年更名为农业经济学系。不管之后的名称怎样变化，农业经济管理学科都成为这些大学经济管理类学科发展的主要组成部分，也是经济管理类学科中的传统与优势学科。

4. 最早的农业经济专业教学计划

最早制订农业经济管理专业教学计划是在农业经济管理学科逐渐成熟期（1950~1980年），在新中国成立后的1952年制定了农业经济管理专业教学计划，并于1962年进行了修订与完善（见表4-1）。

在1952年暑假期间，中央教育部调集全国建有农业经济管理学科各个大学的农业经济学系教师，在北京农业大学集中学习，之后开始全国院系大调整。1953年教育部颁布了农业经济学系教学计划，该计划其实是当时苏联农业经济学系教学计划的翻版。

1957年夏季之后，随着一系列运动在全国的开展，农业经济学教育也受到冲击。直到1961年教育部颁布"高教60条"，使高等教育开始逐步走向正规化后，农业经济管理学科也逐渐得到正规建设。1962年在南京农学院召开了高等农业院校农业经济专业座谈会，在这次会议期间修订了农业经济学专业教学计划，并对教学大纲和教材编写做出规划，农业经济管理学科教育开始走上健康的发展道路。

5. 最早招收农业经济管理专业研究生的时间与学校

在农业经济管理学科初创时期，随着农业经济及管理课程开设、专业设置和本专科人才培养的逐渐推进，农业经济管理学科本科教育逐渐正规化，农业经济管理学科的人才培养层次也逐渐提高，该学科的研究生教育也随之开始。同时，随着农业经济系的设置，一些科研机构也逐渐产生，教学研究与科研水平不断提高。

最早的农业经济管理学科研究生教育从1936年开始，1936年南京农学院农业经济系开始招收农业经济管理学科的硕士生。1942年，浙江大学依托其成立的农业经济研究所，开始招收农业经济管理学科硕士研究生（见表4-1）。

自此农业经济管理学科的人才培养层次从专科、本科提升为研究生教育教学，新中国成立之后，随着社会经济不断发展，经济体制的改革，尤其是随着农村家庭联产承包责任制的推行，"三农"发展实践的逐渐变化、政策制度的变迁，以及科学研究、教育教学水平的不断提高，农业经济管理学科人才培养层次逐渐提高，在之后的几个发展时期逐渐开始进行博士研究生的人才培养。

二、学科初创期与成熟期的教育教学研究

农业经济管理学科初创期与逐渐成熟期这两个阶段的教育教学研究，主要集中于农业经济管理学科逐渐成熟期，而且大多数研究成果是在恢复高考后公开发表。因此，这两个阶段对于农业经济管理学科建设与教育教学的研究成果较少。在中国知网搜索关于农业经济管理学科教育教学的研究成果，结果有 13 条与农业经济管理学科发展和专业建设相关的期刊文章。

（一）农业经济管理学科建设相关研究

我国的农业经济管理学科是以马克思主义政治经济学的理论为指导的一门经济科学。它是对农业生产过程的经济活动进行组织、指挥、协调和监督的科学，这就涉及农业的生产力和生产关系、经济基础和上层建筑的各个方面。关于农业经济学科教育教学研究具有代表性的研究成果的特征如下：

1. 这两个时期末开始了农业经济管理学科相关问题的交流

农业经济管理学科成为一门独立的科学，是由农业生产的特点和农业生产的组织形式所决定的（杜兴华，1979）。随着"三农"发展实践需求的不断变化、政策制度背景的变迁，在农业经济管理学科发展逐渐走上正轨后的这一时期末，农业经济管理学科教育教学研究、交流学习等活动逐渐开始活跃，这个阶段有一些学术团体组织通过研讨会的形式开始对农业经济管理学科发展、"三农"问题的科学研究等进行面对面研讨、互相交流、学习，如湖北省农业经济学会 1980 年 9 月 3 日至 6 日在武昌召开了农业现代化学术讨论会，到会的有科研部门、大专院校以及从事农业经济管理工作的同志共 50 多人，会议收到学术论文、调查报告 27 篇，通过小组讨论、大会发言，交流了各种"三农"问题的研究成果（李卫武，1980）。

2. 这两个阶段后期农业技术与农业现代化教育逐渐受到重视

社会化的农业生产包含着生产技术和经济管理这两个方面，在生产技术方面，通过调查研究较容易掌握资料，为进一步发展农业生产和实现农业现代化提供依据，但是在经济管理方面，还需要进行深入调查研究（曹冯德，1980）。在农业经济管理学科逐渐成熟期，随着"三农"各方面工作的推进，已经为现代

农业发展打下基础，农业现代化包括农业生产手段的现代化、农业生产技术的现代化和农业生产管理的现代化，通过提高农业经济管理水平，可以加速农业现代化的发展（刘崧生，1980）。所以，农业经济管理学科的教育教学研究也与"三农"发展的农业技术与农业现代化方面的教育、培训和教学相关。

同时，在这个时期有些期刊专门开设了农业经济管理专栏，如《农业科学实验》从1980年第8期开始为了帮助广大农村基层干部、农民、群众学习经营管理的基本知识，提高经营管理水平，加快农业现代化建设步伐，开辟并设置了农村人民公社经营管理专栏（杜凤先，1980），通过该专栏记载与发表关于农业技术与农业现代化知识培训的成果。

（二）农业经济管理教学与教材建设受到关注

这两个阶段中，在农业经济管理学科逐渐成熟时期，随着农业经济管理学科教育逐渐正规化，与该学科相关的教材建设、学科建设专门培训逐渐受到重视。

1. 农业经济管理学科教材建设

这两个阶段的教育教学研究主要集中于农业经济管理学科逐渐成熟时期，该时期不仅在农业经济管理学科建设方面有所进展，在农业经济教育教学方面也逐步走上正轨，农业经济管理学科相关教材建设开始受到重视，主要体现在关于农业经济管理教学方面各门课程教材的编写，如举全国之力对农业经济管理统编教材进行编写（宝林，1980），而且就在这个阶段陆续编写了农业经济管理专业使用的专业课程教材，如《农业经济与管理》教材在1980年5月定稿（周熙簧，1980），与之同一阶段，《外国农业经济》统编教材讨论会在三明召开（陈四端，1980），这些教材研讨与编写行为足以说明农业经济管理学科教育教学逐渐走向成熟。

2. 加强了农业经济管理学科培训与宣传

农业经济管理学科逐渐成熟时期，通过兴办农业经济管理专业各类专业基础课与专业课程的培训班，加强了相关教材建设，如西北农学院举办概率统计讲习班（雪惠，1980），还有通过农业经济管理专业各类图书展览与展销等方式，逐渐发展农业经济管理学科，强化农业经济管理专业建设。如由财政部人事教育司和中国图书进口公司联合主办的"外国财经图书展览"在上海展出，这次展出的财经图书有经济总类、经济史、财政、财务、金融、经济管理、工业经济、农业经济、贸易经济、会计、统计、保险以及有关的各种工具书等共 3500 余种，其中多数是国外出版的。参加展出的有美、英、日、法、西德、荷兰等国家 300余家出版公司。此外，还展出了我国香港、台湾地区在这一时期出版的财经管理图书 250 余种（朱佐林，1980）。

（三）农业经济管理学科建设实现了新突破

这两个时期，由于农业经济管理学科制度不断出台与逐渐完善，该学科的教育教学研究逐渐增多，学科建设有了较大突破。

1. 教育教学制度的制订促进了农业经济管理学科人才培养体系的完善

在农业经济管理学科初创期与逐渐成熟期，教育教学制度的制订与不断修订完善，促进了农业经济管理学科学位授予、专业设置的进一步发展，农业经济管理学科实现了从无到有的突破，并逐渐得到发展。

农业经济管理学科的产生与发展过程主要体现为：农业经济课程开设——农业经济管理专业设置——农业经济教育教学机构成立（农业经济系），这一过程发展使得农业经济管理学科基本形成完整的构架。同时，人才培养从农业经济管理专科生——本科生——硕士研究生，人才培养层次逐渐提高，农业经济管理学科人才培养体系逐渐完善。

2. 学科教育教学的相关研究推动农业经济管理学科机构的设置

虽然在这两个阶段关于农业经济管理学科教育教学研究成果较少，但是对于该学科相关的教育体系、教材、交流学习与培训的研究不断推动学科人才培养机构与研究机构的建设与发展，促使农业经济管理学科的人才培养机构与研究机构逐渐健全。在 1927 年北平大学农学院成立农业经济系。浙江大学农业经济管理学科机构渊源于农村社会学系，在 1927 年浙江大学设立了农村社会学系，1936年将其更名为农业经济学系，于 1942 年浙江大学又设立农业经济研究所，从此，农业经济管理学科教育教学与科学研究开始变得逐渐繁荣起来。在 1952 年，南京农业大学的前身金陵大学农业经济系和国立中央大学农业经济系合并组成南京农学院农业经济系。

因此，通过这两个时期的农业经济管理学科教育教学制度的不断制订与完善，农业经济管理学科教育教学逐渐走上正轨，尤其是在农业经济管理学科逐渐成熟期，教学计划不断完善，教育机构建设加强，人才培养层次提高。虽然这两个阶段农业经济管理学科的教育教学研究较薄弱，研究成果较少，教育教学的研究与其他方面因素相结合，也极大地推动了农业经济管理学科的进步。农业经济管理学科机构的设置，为下一阶段农业经济管理学科的快速发展提供了基础。

第二节 学科发展期与转型期教育制度与相关研究

1981～2000 年为农业经济管理学科的快速发展期，2001 年后为农业经济管理学科的改革与转型期，在这两个时期，教育教学制度不断进行调整，并逐渐完善，随着这两个时期的教育教学制度逐渐完善，研究成果逐渐增多。

一、学科发展期教育教学制度与相关研究

1981～2000 年，是我国经济快速发展时期，也是"三农"各领域实践快速发展时期，这一时期的农业经济管理学科与专业制度、文件较全面，且逐渐完善。同时，这个时期是农业经济管理学科发展较快阶段，学科建设与专业建设水平得到很大程度的提升，学科建设的教育教学研究也体现出快速发展的特征。

（一）农业经济管理学科建设与专业建设制度

农业经济管理学科快速发展期的农业经济管理本科生教育与研究生教育制度逐渐完善，教育事业得到快速发展，学科建设与专业建设均有较大突破。

1. 本科专业目录与硕士学位学科目录制订与调整

在农业经济管理学科快速发展期，教育部不断出台农业经济管理专业设置、农业经济管理人才培养的课程、教材、招生等方面的制度与指导性意见。

（1）高等学校本科专业目录的调整。

在农业经济管理学科快速发展时期，随着国家教育管理部门不断修订与完善本科教育的学科与专业目录，农业经济管理学科本科教育教学的专业招生也随着进行了几次调整。在 1987 年修订的本科专业目录中共列出专业 651 种，自 1989 年始，国家教育委员会再次修订本科专业目录，至 1992 年设置 10 个学科门类，即：哲学、经济学、法学、教育学、文学、历史、理学、工学、农学、医学，共

列专业 504 种专业。经过几次调整，农业经济管理学科教育教学方面招生与人才培养曾经分别在经济学学科门类下、农业学科门类下，也有农业经济管理学科人才培养同时在两个学科门类下的情况。

教育部在 1998 年颁布的本科专业目录从 10 个学科门类调整为 11 个学科门类，增加了管理学门类。这次调整后，农业经济管理学科属于管理学（编号 11）门类下，设置农业经济管理学科（1104）一级学科，下设有两个二级学科农林经济管理学科（110401）与农村区域发展学科（110402），这两个学科均可以授管理学学位，也可以授农学学位。同时，1998 年教育部除了颁布专业目录外，还颁布了工科引导性专业目录 9 个专业，颁布了可以设置的目录外专业 283 个。与农业经济管理学科相关的目录外专业有食品经济管理、农产品质量与安全、农业经济管理教育、农产品储运与加工教育、环境资源与发展经济学等专业。

（2）研究生教育的学位学科目录调整。

继 1978 年恢复高考制度后，1981 年接着恢复了学位制度，1983 年教育部颁发了学科、专业目录的试行草案，1990 年对学科目录作了较大调整，1997 年在 1990 年专业目录的基础上进行了进一步调整。

1）1990 年研究生学科目录。

1990 年调整后的专业目录名称为《授予博士、硕士学位和培养研究生的学科、专业目录》，在专业目录中每一个学科门类所设一级学科数量（见表 4－2）。

表 4－2　1990 年学术学位授予学科目录

学科门类与一级学科目录		学科门类与一级学科目录	
学科门类	一级学科学位数（个）	学科门类	一级学科学位数（个）
01 哲学	1	07 理学	12
02 经济学	1	08 工学	26
03 法学	5	09 农学	5
04 教育学	3	10 医学	6
05 文学	3	11 军事学	8
06 历史学	1	—	—
小计	14	小计	57

从表4-2可知1990年调整后的研究生专业目录所设学科门类为11个，一级学科有71个。

农业经济学科所属情况如表4-3所示，在经济学学科门类的经济学一级学科下设了农业经济（含：林业经济、畜牧业经济、渔业经济）二级学科；在农学学科门类的农学一级学科下设农业经济及管理二级学科；在农学学科门类的林学一级学科下设林业经济与管理二级学科。

表4-3 1990年研究生学位授予学科目录农业经济管理学科所属

学科门类代码及名称	一级学科代码及名称	二级学科代码及名称
02 经济学	0201 经济学	020114 农业经济（含：林业、畜牧业和渔业经济）
09 农学	0901 农学	090112 农业经济及管理
	0904 林学	090409 林业经济及管理

所以，在经济学门类下招收农业经济管理二级学科研究生，授经济学硕士学位；在农学门类下招收农业经济与管理二级学科研究生，授农学硕士学位；在农学门类下招收林业经济与管理二级学科研究生，授农学硕士学位。

2）1997年研究生学位授予学科目录。

1997年学位授予学科目录再次进行调整，国务院学位委员会和国家教育委员会1997年联合颁布的《授予博士、硕士学位和培养研究生的学科、专业目录》对学科作了部分调整，学科门类增加到12个，二级学科增加到88个（见表4-4）。

表4-4 1997年学术学位授予学科目录

学科门类与一级学科目录		学科门类与一级学科目录	
学科门类	一级学科学位数量（个）	学科门类	一级学科学位数量（个）
01 哲学	1	07 理学	12
02 经济学	2	08 工学	32
03 法学	5	09 农学	8
04 教育学	3	10 医学	8

续表

学科门类与一级学科目录		学科门类与一级学科目录	
学科门类	一级学科学位数量（个）	学科门类	一级学科学位数量（个）
05 文学	3	11 军事学	8
06 历史学	1	12 管理学	5
小计	15	小计	73

1997 年学位授予学科目录增加了管理学学科门类，这次调整后农业经济管理学科发生了较大变化，将农业经济管理学科从原来在经济学学科门类下的二级学科调整为管理学门类下的一级学科农林经济管理学科，并下设有农业经济管理和林业经济管理两个二级学科。这次学科目录调整使得农业经济管理学科脱离了农学学科门类与经济学学科门类，农林经济管理一级学科下招收的农业经济管理和林业经济管理二级学科研究生授管理学学位（见表 4-5）。

表 4-5 1997 年研究生学位授予学科目录农业经济管理学科所属

学科门类代码及名称	一级学科代码及名称	二级学科代码及名称
12 管理学	1203 农林经济管理	120301 农业经济管理
		120302 林业经济管理

2. 农业经济管理学科学位授予门类变迁

在农业经济管理学科快速发展时期，随着农业经济管理学科所属的学科门类的变动，农业经济或农业经济管理学科学位授予学科也随之发生变动。

（1）农业经济管理学科授予农学学位。

在农业经济管理学科快速发展时期，我国在 1981 年建立了国务院学位委员会，在教育部设立学位办公室，负责全国研究生教育的领导工作，同时成立学科评议组，完成学位委员会和学位办委托的学科建设工作。1982 年后到 1990 年研究生学位授予学科目录大调整之前，农业经济管理学科名称为农业经济及管理，是在农学学科门类中的一级学科农学下设的二级学科之一，农业经济及管理学科的本科生与研究生分别授予农学学士学位与农学硕士学位。

（2）农业经济管理学科授予经济学学位。

随着农业经济管理学科快速发展时期内经济体制的改革、对外开放策略的实施，以及农村家庭联产承包责任制的推行，农业经济管理学科的发展对国民经济发展的作用越来越重要。从农业经济学科管理建设来看，将农业经济及管理学科列为农学一级学科之下的二级学科已不能适应社会经济发展的客观要求。1990年学科目录作了较大调整，在经济学门类下的经济学一级学科下设农业经济学科二级学科，同时，在农学门类下的农学一级学科下设农业经济及管理二级学科。这次调整后的农业经济管理学科所授学位有两种不同情况，经济学门类的经济学一级学科下的农业经济二级学科的本科生与研究生授予经济学学士学位与经济学硕士学位，农学门类的农学以及学科下设农业经济及管理二级学科的本科生与研究生分别授予农学学士学位与农学硕士学位。

（3）农业经济管理学科授予管理学学位。

随着这个时期农业经济的快速发展，学科建设需要不断适应经济发展的实践需求，因而1997年学科目录再次进行调整，将学科门类由11个增加到12个，新增了管理学门类。这次调整后的农业经济管理学科地位发生了两方面的变化，一方面是其所属学科门类的变化，另一方面是其学科等级的变化。

此次学科目录增加的管理学门类下设有5个一级学科，其中农林经济管理成为管理学门类下一级学科之一，下设农业经济管理和林业经济管理两个二级学科，农林经济管理学科的本科生与研究生分别授予管理学学士学位与管理学硕士学位（或管理学博士学位），将原设在经济学门类下的农业经济二级学科与农学门类下的二级学科取消，从此农业经济管理学科一直隶属于管理学学科门类。

（二）农业经济管理学科建设与教育教学研究重点

在农业经济管理学科快速发展时期，随着农业经济管理学科教育教学制度的不断完善，农业经济管理学科研究方向不断扩展，教育教学研究成果越来越多，且研究重点也不断发生较大变化。

1. 农业经济管理学科教育教学研究的特点

在这一时期，与上述农业经济管理学科的教育教学制度变迁、学科门类所属变迁相适宜，涉及农业经济管理学科建设的各大高校都相应将专业与学科所属机构做了调整，研究方向也逐渐拓宽了领域，并各有侧重。

（1）农业经济管理学科教育教学研究视野拓宽。

农业经济管理作为一门实用科学，对社会主义现代化农业的建设具有重要的作用（袁耀文，1983）。农业经济管理学科作为一门传统学科，发达国家的该学科建设相关策略值得借鉴，所以该学科建设的研究视野扩展到对发达国家的相关经验借鉴。在发达国家较为重视对经济管理人才的培养，20世纪80年代，美国带农字的学院有80多所，设有农业经济系的有70多所。据美国教育统计中心1981年公布的资料，高等农业院校中学习经济和经营管理的约占学生总数的1/4，其中农业经济占7%，农业经营占6%，自然资源管理占9.1%，牧场管理占1%，农业和农场管理占1.3%，涉农经的学生共占24.4%。日本全国农林水产学院中，学习经济管理的学生占10.2%（杨士谋，1985）。

（2）学科教育教学研究与政策演进、制度变迁相结合。

这一时期农业经济管理学科的相关研究与国家相关政策与教育教学相关策略紧密结合。一个学科发展的优劣与人才培养的层次、规模和质量有很大关系，学科、专业的设置是国家审核授予学位的专业范围划分、学位授予单位授予学位、培养研究生的单位拟订培养研究生的规划及进行招生和培养工作的依据，同时，对学科的建设与发展有重大影响（刘葆金，1988）。

20世纪的最后20年是我国传统农业向现代农业转化的启动时期，世纪之交，是这一转化的急剧变动时期（傅晨，1998）。所以，这一时期末为了适应新世纪培养高层次农业经济管理人才的需要，从学科属性、人才市场定位、学科继承与发展、实践性教学环节等方面，都要进行不断探索。

根据我国高等农业院校管理系列课程建设的指导思想（杨名远，2000），农业经济管理学科建设也要通过强化农经部门的行政管理职能来实现（韦仕鹏，2000）。这个时期教学计划不能充分体现培养成人农业管理干部的特点，学科门类设置过多，主干课程不突出，实践性教学环节薄弱，教学计划的系统效能差等（石晶，1987）。因此，经过一定时期的实践，在深入总结经验的基础上，对学科、专业设置进行必要的修订，使之更趋完善与科学化是十分必要的（刘葆金，1988）。

2. 学科教育教学研究领域与研究对象

这一时期，该学科中农业经济管理学科硕士研究生与博士研究生的研究对象范围扩大，专业本科教育的研究领域也拓宽了。

（1）学科硕士研究生与博士研究生研究对象的范围扩大。

表4-6 部分高校农业经济管理学科博士招生的研究方向

高校	招收博士研究生的研究方向
南京农业大学经济管理学院	农业经济、农业技术经济、农产品贸易、世界农业经济、渔业资源经济、宏观经济理论与政策、现代企业管理、农业关联产业经济、林业经济管理、农村金融、农村发展（农村区域发展、农村可持续发展、农村社会发展）等
中国农业大学经济管理学院	农业经济理论与政策、农产品市场与贸易、金融与财税、农业企业管理、农村发展与城镇管理、城镇管理与区域规划等
华南农业大学经济管理学院	经济发展理论与政策、外向型经济管理、企业管理、资源经济与可持续发展、经济组织与制度经济、林业经济理论与政策、林业企业管理、农村产业经济与制度经济、农业贸易与农村金融、农业技术经济与项目管理等

农业经济管理学科研究生培养方向与学术研究领域已经延伸到了众多学科门类（罗必良，2007）。部分农业院校建设农业经济管理学科较早，该学科发展较有优势，而且具有代表性，从这些院校农业经济管理学科的硕士与博士选题研究方向的广泛性可以看出，在这一时期农业经济管理学科研究对象的范围扩大了，具体研究方向如表4-6所示。

在农业经济管理学科快速发展时期，农业生产经济学、农业生态经济学、计量经济学、农产品贸易经济学、农业财政金融学、农村社会学、农业推广学等如雨后春笋相继开设起来，形成当前中国的农业经济学科群（张仲威，1991）。在中国知网上搜索有关农业经济管理学科1980年到2000年的研究成果，有12篇，其中核心期刊9篇。

（2）农业经济管理人才培养研究领域拓宽。

在农业经济管理学科快速发展时期，农业经济管理人才培养的研究领域拓宽，在中国知网上搜索农业经济管理学科1980年到2000年的研究成果，有42篇，其中核心期刊24篇，具有代表性的观点如下：

在农业经济管理学科建设、教学单位设置等方面美国的做法有些可以借鉴。美国全国各大学有 70 多个农业经济学系，是培养农业经济专业人才的主要阵地（安希伋，1983）。国内也有一些培训机构在较早期培养农业及经济管理专业技术人才，为了提高经济管理人员的素质，培养一支宏大的农村人才队伍，有些函授大学开办了农业经济与管理专业（陈武元，1984）。

这个时期农村经济体制改革和农村经济发展的趋势，将越来越需要大量农业经济管理人才。随着农村生产向商品经济转化和农村产业结构调整，经管类覆盖的专业过少（曾启，1985）。农业经济管理专业社会需要量仍然较大（谭锦维，1985），要求更快地培养出适应农业现代化要求的农业高级技术人才和经济管理人才（赵锐，1985）。这个时期农经管理教育面临着以联产承包责任制为中心的农村经济体制改革潮流，这一改革已深入到农村产业结构调整和商品流通领域，扩大了农业经济管理的内涵（朱启禳，1986）。

随着农村经济体制的改革，高等农业专科学校为了适应有计划的商品经济的新形势，会计成为经济管理的重要组成部分（周应奎，1989）。但是，面对即将到来的 21 世纪，世界政治、经济、科技等领域的全方位的激烈竞争（孙海清，1998），之后的农业经济管理类专业出现了一种明显的"非农化"趋势（方天，1998），研究领域进一步拓宽。面对 21 世纪，根据农业经济、农村社会和农业科技的发展趋势和特点，需要加大力度进行农业院校本科经济管理系列课程的设置及教学内容与方法的改革（马文超，1999），一些长期从事农业经济管理学科建设的专家指出了 21 世纪农业经济管理专业面临的挑战（孔祥智，2000），提出农业经济管理专业课程体系与教学内容改革的具体措施（黎东升，2000），以及实践教学体系的构建、功能和模式设计方案（肖洪安，2000）。

（三）农业经济学科研究机构与人才培养层次快速发展

从上述农业经济管理学科教育教学制度、学科专业目录调整、人才培养方案变动、教育教学研究的变化来看，农业经济管理学科快速发展时期是学科发展非常重要的历史时期。

1. 农业经济管理学科教育制度不断完善推动学科快速发展

通过各方面的交互作用，农业经济管理学科才能健康迅速前进，才能形成一个适合现实生产力发展需要的相对稳定的学科体系，才能培养出具有宏观预测、决策能力的未来的领导者、参谋人才和具有微观管理、经营决策、组织生产力的未来的企业家、实业家等（张仲威，1991）。

总结上述各方面因素，可以将农业经济管理学科发展的影响因素归结为六个主要因素：一是源于我国的农业生产和农业经济的实践；二是源于"三农"发展的政策制度不断健全与完善；三是源于农业经济管理学科教育教学制度的建立与不断完善；四是源于我国学者与专家们的研究方向扩展与研究水平的不断提高；五是源于国外的农业经济理论与方法的不断改进；六是来自中外非农经学科理论与方法的启迪和应用。农业经济管理学科的建设与发展，通过内因与外因的相互渗透推动和主观与客观条件的组织、融合，以及互相促进而起到推进学科发展的巨大作用。

2. 教育制度不断完善促进了学科人才培养体系建立

农业经济管理学科快速发展这一时期，在农业产业化、商品化的不断发展，农业经济管理学科范围也逐渐扩大，包括农业生产领域、农产品流通、分配、消费、农村金融、农产品国际贸易等的经济管理问题。同时，关于农业经济学科建设也有了长足发展，教学与科研水平逐渐提高，需要进一步完善农业经济管理学科与专业建设体系。

恢复高考后，全国各有关院校逐渐恢复了农业经济系，之后农业经济管理学科逐渐发展，不断壮大。农业经济管理学科人才培养层次由本科生到硕士研究生，再到博士研究生，层次逐渐提高。研究机构与学科建设平台逐渐强大，如浙江大学1994年起农业经济管理学科被列为浙江省首批重点学科。1999年以本学科为基本力量组建的浙江大学农业现代化与农村发展研究中心（简称CARD），被批准为首批教育部人文社会科学重点研究基地，2005年学校专门组建成立"中国农村发展研究院"。中国农业大学1993年和1999年两次被农业部评为部级重点学科，2001年被教育部评为国家重点学科，2003年获农林经济管理博士学位授权一级学科，2007年再次被教育部评为国家重点学科。该学科点是国家重大农业与农村发展政策决策的调研咨询依托单位之一，设有国家"985工程"中国农村发展与政策研究哲学社会科学创新基地。

二、学科转型期教育教学制度与相关研究

农业经济管理学科改革与转型期为进入 21 世纪后到 2020 年，这一时期社会经济发展各方面出现了新矛盾与新问题，农业经济管理学科建设制度与专业建设制度，以及教育教学研究重点有所转变。

（一）农业经济管理学科建设与专业建设制度

这一时期，随着"三农"发展逐渐出现新的矛盾与新的问题，解决"三农"问题的焦点与"三农"工作重点的政策偏向有所变化，与之相适应的农业经济管理学科建设与专业设置制度不断进行调整，并逐渐完善。

1. 农业经济管理学科相关教育教学制度

在农业经济管理学科改革与转型期，从 2000 年到 2020 年，教育部出台了较多关于学科建设与学位授予的相关教育教学制度。

（1）教育部关于本科专业的指导性文件。

进入 21 世纪后，所有学科门类下的各种专业教育教学水平都已提高，且有较多高校跻身于世界高水平大学行列，同时有较多学科已成为世界一流学科，农业经济管理学科在这一时期的发展与提升也较为显著，但是也显示许多不足。

1）本科专业目录调整的相关规定。

在农业经济管理学科发展转型时期，教育部在 1998 年制订的《普通高等学校本科专业目录》基础上，2010 年发布了《教育部关于进行普通高等学校本科专业目录修订工作的通知》（教高〔2010〕11 号）文件，并要求按照科学规范、主动适应、继承发展的修订原则对专业目录进行修订。因此，教育部在 2012 年颁发《普通高等学校本科专业目录（2012 年）》和《普通高等学校本科专业设置管理规定》等文件，这些文件成为高校的新专业设置、专业进一步调整，以及相关的备案与审批等管理工作的纲领性文件。

《普通高等学校本科专业目录（2012 年）》分为学科门类、专业类和专业三级目录，其学科门类与国务院学位委员会、教育部 2011 年印发的《学位授予和人才培养学科目录（2011 年）》的硕士、博士学位授予学科门类基本一致，分设哲学、经济学、法学、教育学、文学、历史学、理学、工学、农学、医学、管理学、艺术学 12 个学科门类。该文件是设置和调整专业、实施人才培养、安排招

生、授予学位、指导就业，以及进行教育统计和人才需求预测等工作的重要依据。农业经济管理学科本科人才培养设有农林经济管理一级学科，大多数高校的农业经济管理学科本科都设置了农林经济管理一级学科，培养该学科本科人才。

2）普通高等学校本科专业类教学质量国家标准的制订。

在农业经济管理学科发展转型时期，为了不断提高高校本科人才培养质量，适应社会对人才需求高质量的需求，在 2018 年 3 月，教育部发布并出版了《普通高等学校本科专业类教学质量国家标准》上下两册，该文件对每个学科的本科专业教学质量标准做了规定，该标准成为各高校不同专业培养高质量人才的依据。

农业经济管理类专业教学质量国家标准规定涉及的专业包括以农林牧渔等产业经济与管理、农村与区域发展等核心领域进行人才培养、科学研究、社会服务的社会科学学科。农业经济管理专业培养适应我国"三农"事业发展需要的专门人才，具有很强的应用型和实践性，在促进我国农业及其相关产业以及农村经济社会发展中发挥着十分重要的作用。

《普通高等学校本科专业类教学质量国家标准》还具体规定了高等学校农业经济管理类专业本科教学的培养目标、培养规格、课程体系、培养环节、教师队伍、教学条件与质量管理等方面的基本要求，在培养目标中包括了专业培养目标、学校办学特色与培养目标定位、培养目标评估与修订内容，并对农业经济管理类专业专任教师、主讲教师、生师比、实习与实践基地、日常教学经费等专业术语与定义进行了规范。

3）建设高水平本科教育全面提高人才培养能力的相关规定。

为了适应社会主义建设新时期对人才培养各方面的要求，为深入贯彻习近平新时代中国特色社会主义思想和党的十九大精神，全面贯彻落实全国教育大会精神，紧紧围绕全面提高人才培养能力这个核心点，加快形成高水平人才培养体系，培养德智体美劳全面发展的社会主义建设者和接班人，加快建设高水平本科教育、全面提高人才培养能力，2018 年 9 月教育部发布了《关于加快建设高水平本科教育全面提高人才培养能力的意见》（以下简称《意见》）。

《意见》的指导思想为：以习近平新时代中国特色社会主义思想为指导，全面贯彻落实党的十九大精神，全面贯彻党的教育方针，坚持教育为人民服务、为中国共产党治国理政服务、为巩固和发展中国特色社会主义制度服务、为改革开放和社会主义现代化建设服务，全面落实立德树人根本任务，准确把握高等教育基本规律和人才成长规律，以"回归常识、回归本分、回归初心、回归梦想"为基本遵循，激励学生刻苦读书学习，引导教师潜心教书育人，努力培养德智体美劳全面发展的社会主义建设者和接班人，为建设社会主义现代化强国和实现中华民族伟大复兴的中国梦提供强有力的人才保障。

《意见》的基本原则为：坚持立德树人，德育为先；坚持学生中心，全面发展；坚持服务需求，成效导向；坚持完善机制，持续改进；坚持分类指导，特色发展。《意见》的总体目标为：经过 5 年的努力，"四个回归"全面落实，初步形成高水平的人才培养体系，建成一批立德树人标杆学校，建设一批一流本科专业点，引领带动高校专业建设水平和人才培养能力全面提升，学生学习成效和教师育人能力显著增强；协同育人机制更加健全，现代信息技术与教育教学深度融合，高等学校质量督导评估制度更加完善，大学质量文化建设取得显著成效。到2035 年，形成中国特色、世界一流的高水平本科教育，为建设高等教育强国、加快实现教育现代化提供有力支撑。

（2）关于农业经济管理学科研究生教育的相关指导性文件。

在农业经济管理学科发展转型时期，社会经济从高速度发展转为稳速发展的新常态，社会各行各业与各部门对专业人才的需求层次逐渐提高。因此，高层次学位授予的制度与政策不断革新。

1）教育部制订了研究生招生与就业的相关规定。

国务院学位委员会、教育部 2011 年印发的《学位授予和人才培养学科目录（2011 年）》的学科门类分设哲学、经济学、法学、教育学、文学、历史学、理学、工学、农学、医学、管理学、艺术学 12 个学科门类。

同时，2010 年 7 月正式发布《国家中长期教育改革和发展规划纲要(2010 – 2020 年)》文件；在 2011 年出台了《硕士学位授权一级学科点基本条件》《博士学位授权一级学科点基本条件》《关于按〈学位授予和人才培养学科目录〉进行学位授权点对应调整的通知》（学位办〔2011〕25 号）、《学位授予和人才培养学科目录（2011 年）》等相关文件；在 2018 年出台了《学位授予和人才培养学科目录（2018 年）》《关于加快建设高水平本科教育全面提高人才培养能力的意见》。这些文件成为硕士与博士研究生招生就业的重要依据。

2）教育部制订人才培养长远规划。

教育部制订的《国家中长期教育改革和发展规划纲要（2010－2020 年）》是中国进入 21 世纪之后的第一个教育规划，是一个时期内指导全国教育改革和发展的纲领性文件。主要内容包括：推进素质教育改革试点、义务教育均衡发展改革试点、职业教育办学模式改革试点、终身教育体制机制建设试点、拔尖创新人才培养改革试点、考试招生制度改革试点、现代大学制度改革试点、深化办学体制改革试点、地方教育投入保障机制改革试点以及省级政府教育统筹综合改革试点 10 个方面。该规划的指导思想为：全面推进教育事业科学发展，立足社会主义初级阶段基本国情，把握教育发展阶段性特征，坚持以人为本，遵循教育规律，面向社会需求，优化结构布局，提高教育现代化水平。

2. 农业经济管理学科本科学位授予学科的相关目录调整

从 2000 年到 2020 年，在 1998 年专业目录的基础上，教育部在 2012 年对本科专业目录进行了一次调整。

（1）学科门类的调整与增加。

在 1998 年颁布的本科 11 个学科门类的基础上，2012 年专业目录增加了 1 个学科门类，成为 12 个学科门类，如表 4－7 所示。

表 4－7　2012 年学术学位授予与学科目录

学科门类、专业类与专业三级目录			学科门类、专业类与专业三级目录		
学科门类	专业类（个）	专业三级（个）	学科门类	专业类（个）	专业三级（个）
01 哲学	1	4	08 工学	31	169
02 经济学	4	17	09 农学	7	27
03 法学	6	32	10 医学	11	44
04 教育学	2	16	11（预留）	—	—
05 文学	3	76	12 管理学	9	46
06 历史学	1	6	13 艺术学	5	33
07 理学	12	36	—	—	—
小计	29	187	小计	63	319

2012 年调整的本科专业目录的学科门类、各个学科门类下设专业（不包括特设专业）类与三级专业，与国务院学位委员会、教育部 2011 年印发的《学位授予和人才培养学科目录（2011 年）》硕士与博士学位授予的学科门类基本一致，除了第 11 个学科门类预留外（未设军事学学科门类，为预留学科门类，其代码 11 预留），分设哲学、经济学、法学、教育学、文学、历史学、理学、工学、农学、医学、管理学、艺术学 12 个学科门类，排序到学科门类第 13，新增了艺术学学科门类。专业类由修订前的 73 个增加到 92 个，专业由修订前的 635 种调减到 506 种（包含 352 种三级专业和 154 种特设专业）。管理学门类下设专业类 9 个。

（2）农业经济管理学科所属。

在管理学门类下设置了一级学科农林经济管理专业，农业经济管理学科与农村区域发展学科属于农林经济管理专业下的二级学科。农林经济管理学科授管理学学位。新目录分为基本专业（352 种）和特设专业（154 种），并确定了 62 种专业为国家控制布点专业。目录外专业与农业经济管理学科相关的专业有农业经济管理类、食品经济管理、土地资源管理、农产品质量与安全、农业经济管理教育、农产品储运与加工教育、环境资源与发展经济学等专业。

3. 农业经济管理学科研究生学位调整

在农业经济管理学科转型期，从 2000 年到 2020 年，教育部共调整了两次学科目录，下面的内容简单将这两次调整进行梳理。

（1）2011 年学位授予学科目录调整。

国务院学位委员会和教育部批准，在 2011 年对学位授予和人才培养学科目录进行了修订，修订后发布了《学位授予和人才培养学科目录（2011 年）》新目录（见表 4 - 8）。本次学位授权点对应学科目录调整后所涉及的学科。

表 4 - 8　2011 年学术学位授予学科目录

学科门类与一级学科目录		学科门类与一级学科目录	
学科门类	一级学科学位数量（个）	学科门类	一级学科学位数量（个）
01 哲学	1	08 工学	38
02 经济学	2	09 农学	9

续表

学科门类与一级学科目录		学科门类与一级学科目录	
学科门类	一级学科学位数量（个）	学科门类	一级学科学位数量（个）
03 法学	5	10 医学	11
04 教育学	3	11 军事学	10
05 文学	3	12 管理学	5
06 历史学	3	13 艺术学	5
07 理学	14	——	——
小计	32	小计	77

1）研究生学术学位授予学科目录调整。

2011 年，学术学位研究生招生与学位授予，学科门类仍然是 13 个学科门类、109 个一级学科授权学位。

这次学位授权点学科调整，以保证学位授予质量为前提，以学科内涵为基础，根据各单位学科水平，坚持标准，规范调整。学位授权点对应调整在现有学位授权级别内，按照学科对应关系进行。对应调整为新目录一级学科学位授权点，必须达到学位授权点的最低要求和基本条件。

这次调整后的农业经济管理学科属于管理学门类下的一级学科农林经济管理学科，培养的研究生与博士生分别授予管理学硕士学位与管理学博士学位。

2）研究生专业学位授予学科目录调整。

2011 年 4 月，教育部调整了专业学位研究生学位授予目录，共有 39 个专业学位。这些专业学位中与农业经济管理学科相关的学位有农业推广专业学位，在农业推广专业学位下设有 15 个专业领域，与农业经济为管理学科直接相关的领域有两个，一个是农村与区域发展，一个是农业科技组织与服务。

（2）2018 年研究生学位目录调整。

随着研究生只设置一级学科学位授予权的要求的提出，教育部在 2018 年 4 月更新了研究生学位授予与学科目录。

1）研究生学术学位目录。

2018 年的研究生学位授予学科目录调整后，学术学位研究生招生与学位授予学科门类目录与一级学科授权数量如表4-9所示，该学科目录中学科门类仍然是13个学科门类，109个一级学科授权学位。

表4-9 学术学位授予与学科目录（2018年）

学科门类与一级学科目录		学科门类与一级学科目录	
学科门类	一级学科学位数量（个）	学科门类	一级学科学位数量（个）
01 哲学	1	08 工学	39
02 经济学	2	09 农学	9
03 法学	6	10 医学	11
04 教育学	3	11 军事学	10
05 文学	3	12 管理学	5
06 历史学	3	13 艺术学	3
07 理学	14	—	—
小计	32	小计	77

与2011年学位授予与学科目录比较，法学、工学和艺术学设置的一级学科发生了变化，法学由原来的5个一级学科增加到6个一级学科，工学由原来的38个一级学科增加到39个一级学科，艺术学由原来的5个一级学科减少到3个一级学科，一级学科总数没有变化。

在这13个学科门类中与农业经济管理学有关的学科门类为管理学学科门类，管理学学科门类设置5个一级学科，分别为：管理科学与工程（管理学、工学）、工商管理、农林经济管理、公共管理、图书情报与档案管理。与农业经济管理学科直接相关的学科为农林经济管理一级学科，在该一级学科下设有农业经济管理学科和林业经济管理学科两个二级学科，但是这两个二级学科都以农林经济管理学科招生，并授予学位。

2）研究生专业学位授予学科目录。

2018年4月，教育部调整了专业学位研究生学位授予学科目录，调整后的专业学位目录中，共有48个专业学位一级学科学位。

与2011年专业学位目录比较，2018年学科目录增加了9个专业目录招生学科，而且有 8 个学科均可以硕士与博士同招。在这 48 个一级学科专业学位目录中，与农业经济管理学科相关的学科有农业学科。在农业专业学位目录中，2016年将原来的 15 个研究领域调整为 8 个研究领域，其中与农业经济管理学科相关的专业学位领域为农业管理与农村发展两个领域。

（二）农业经济管理学科建设与教育教学研究重点

农业经济管理学科转型期的相关研究包括对农业经济管理学科建设的研究与对农业经济管理学科专业设置、课程体系等方面的研究。

1. 农业经济管理学科建设研究

在农业经济管理学科转型期，关于农业经济管理学科建设问题的研究成果通过中国知网搜索结果显示，公开发表的论文有 72 篇，其中核心期刊论文有 17篇，CSSCI 期刊论文有 14 篇。具有代表性的观点如下：

（1）学科发展转型期教育教学焦点问题的研究。

在农业经济管理学科改革与转型期，农业经济发展具有不同的表现和特征，使新时期农业经济管理学科呈现新的发展趋势（王雅鹏，2003），有专家提出这个时期农业经济管理研究的重点资助方向与领域（杨列勋，2004），这时的农业经济与管理学科还不能完全适应国际发展趋势和我国经济社会的进一步发展（毛迎春，2006），农业经济学会等学术团体也经常对农业和农村问题进行探讨、交流（周应恒，2006）。农业经济管理学科需要坚持以学科建设为主线，凝练学科方向、突出学科特色、建设学科队伍、搭建学科平台、创造学科发展的优良环境、加强研究生管理、创新研究生培养模式，有利于推动该学科的建设和人才培养质量的提高（王雅鹏，2006）。

这个时期农业经济管理学科教育教学的研究方法也有所增加（胡宜挺，2013），社会经济的快速发展，经济发生转型，给农业经济管理学科带来新的机遇和挑战，提出了一些提高农业经济管理学科的方法（郑晓杰，2014），应该明确农业经济转型期的我国农业经济管理学科的发展方向，农业经济管理的理论指导，为实践打下坚实的理论基础（盛乐音，2016）。这个时期美国和加拿大的农业经济管理学科经过多年的发展，研究内容和方向都有了极大地丰富和扩展（崔晓琳，2016）。农业转型期农业经济管理学科发展要研究的问题很多，需要农业经济管理学科根据农业转型的特点和农业经济管理新的变化进行有效的研究（温翠青，2016），尽管国内外研究在热点、主题等方面存在一定差异，但对农业资源环境、农业市场和农村金融等领域均较为重视（张露，2016）。

（2）农业经济管理学科建设方向等问题研究。

随着转型期社会经济发展实践提出的"三农"问题的焦点与热点的变化，这时，农业经济管理学科归类与设置也有一些专家提出看法（罗必良，2007）。地方综合大学品牌专业建设具有自己的特殊性，应坚持专业建设与学科建设同步建设，走产、学、研结合的道路等（洪名勇，2008），涉农大学的农业经济学科必须根据自身学科基础及自身所处的区域特征，对自身农业经济学科的教学和科研进行调整和重新定位（徐开新，2008），重点从学科建设及人才培养方面创新农林经济管理学科（颜华，2009），农业经济管理专业和学科发展的三种主要模式为理论研究型、实践应用型和混合型，以及人才培养目标实现的对策（李翠霞，2009）。美国、加拿大农业经济管理学科设置名称出现变化（周应恒，2009）。

在学科建设方面教学团队建设非常重要（柯佑鹏，2011），课程教学方法也需要有所改变，如课程实验教学体系（高集光，2013），深入研究农业经济管理学科面临的现实问题和制约条件，确定发展方向就要排除各种干扰，持之以恒坚持下去（钟甫宁，2017），从学科建设的实践来看，农业高校开展农业经济史教学意义重大（李军，2018），农业经济管理学科研究生教育需要完善学位论文的指导、评审与答辩制度；积极鼓励产学研相结合，为毕业生走上工作岗位打好基础（杨晓明，2019）。

2. 农业经济管理教学方面的研究

在农业经济管理学科改革与转型期，农业经济管理学科教学方面的研究包括课程体系设置、教学方式改革、实践教学等方面的研究。

（1）农业经济管理学科课程建设方面的研究。

学科体系建设应根据社会经济发展的需求及时进行调整，不能因循守旧（戴芳，2011）。在农业经济管理专业课程设置方面，许多开设该专业的学校与该专业教学与科研的老师都有类似的认识。农业经济管理学科应当加强宣传和引导以提高学生对专业及其课程设置的认知度和满意度，根据学生的需求科学地安排公共基础课程，增加农林类课程和实践课程教学，不断优化专业课的课程体系，以提高农林经济管理专业的人才培养质量（柯水发，2011）。根据农林经济管理专业理论课程教学的实践，从素质教育理念出发，进行专业课程教学模式和考核方式的改革建议（雷庆勇，2008）。应该在农林经济管理专业课程体系中设置公共必修课模块、公共选修课模块、学科共同课模块、专业基础课模块、专业课模块、选择性专业课模块、实践教学模块、素质拓展模块等（李红，2008）。

同时，农林经济管理专业课程体系改革要根据社会经济发展需要调整农林经济管理专业人才培养目标，合理优化专业课程体系（张於倩，2006），应当加强举办专题讲座、开设选修课、抓好毕业设计环节等扩宽学生的知识面、培养学生的创新能力等方面的学科建设（季莉娅，2008）。课程设置还应当注重人才培养与区域发展的适应性，人才培养与区域产业发展的融合状况是衡量一个专业的职业发展是否适应社会发展需求的基本尺度，也是衡量一个专业的职业发展是否与区域社会发展相互协调的重要指标（黄文清，2010）。这些专家学者们的真知灼见足能说明农业经济管理学科在转型期普遍存在的问题，因此，专家们提出的解决方法与措施具有指导作用。

（2）农业经济管理学科教学方式等研究趋势。

农业经济管理教学研究主要领域显示：农业经济管理专业综合测试能力教改成果以及改进测试的方法（颜进，2002），21世纪农业和农村经济发展对人才的需求和农业经济管理学科发展趋势，以及"创新求发展的"改革的经验（吴桂淑，2002），科技的加速发展和经济全球化的趋势，对高等教育的教学内容和课程设置提出了挑战（周月书，2006），应该实现教学主体的转变，充分调动学生的学习主动性（王云霞，2007）。

为了适应21世纪农村经济发展，需构建培养适应人才市场需求的农业经济管理类本科专业实践教学体系（黎东升，2010）。信息技术与农业经济管理课程的整合实际就是信息技术与该门课程教学内容、教学方法的紧密结合（李薇，2011）。随着农业现代化发展，加快培养农业经济管理专业的创新型人才成为我国高等农业学校面临的重要问题（李翠霞，2013）。20世纪90年代以来，非农化课程不利于农经本科人才的培养（吕立才，2014），面向社会需求应当设计课程实践、工作室模拟、设岗实训三级实践模式与教学体系（孔令英，2014），从教学体系、教学平台、教学团队、教学评价等方面提出推进高等院校农业经济管理专业学生实践创新能力、创业就业能力持续协调发展的对策建议（顾莉丽，2018），为了实现我国农业经济的可持续发展，需要结合当前农业经济发展存在的问题，做好农业经济管理学科发展，发挥农业经济的基础作用（李红，2018）。

（3）农业经济管理学科关于注重实践教学方面的研究。

农业经济管理专业实践性教学中存在的问题，是实践性教学效果的方法和途径应当改进（赵晓红，2011），在农业经济管理学科转型时期，高校农业经济管理人才培养中，学生实践能力的培养成为制约培养质量的瓶颈。农业经济管理专业实践性教学也受到极大的重视，农业经济管理实践教学的应用价值与实践性教学效果影响农业经济管理专业整体教学效率（刘艳梅，2014）。

与农林经济管理专业的人才培养模式创新、课程体系改革类似，农林经济管理专业加强实践教学环节也是开设农林经济管理专业的各大院校与教师们所关注的问题。大部分的学校与教师主张是从实验室、教学实习、校外实习基地等方面来加强实践教学环节。农林经济管理专业更应该注重学生技能的培养，加大实习类课程在课程体系中的比重（罗攀柱，2008）。实习教学是教学过程的重要组成部分，实习基地建设直接关系到实习教学质量，对于高素质人才的实践能力和创新、创业能力的培养有着十分重要的作用（董春宇，2010）。基础课程实验室要达到一定的要求（洪名勇，2008），要有相对稳定的实习基地，要能够满足进行农学、林学、畜牧学、农村调查、统计、企业管理实习等课程进行教学实习以及能够满足学生进行毕业论文调查的基本条件。实践教学一般包括公益活动、实验、实习、科研训练、毕业论文设计等环节，各环节间要存在紧密的联系（胡宜挺，2012）。专家学者们从教学科研实际出发，通过多年的积累，针对学校办学特色提出了非常宝贵的实践教学建议。

（三）农业经济管理教育教学制度不断革新推动了学科进步

在农业经济管理学科转型时期，教育教学制度不断更新完善，极大地推动了学科建设与教育教学发展。

1. 学科教育教学制度不断革新

2012 年的《普通高等学校本科专业设置管理规定》要求高校设置专业须具备相关学科专业，有稳定的社会人才需求，有科学、规范的专业人才培养方案，有完成专业人才培养方案所必需的教师队伍、办学条件、相关制度等基本条件。

2018 年出台的《普通高等学校本科专业类教学质量国家标准》规定农业经济管理类专业应该培养具有经济学与管理学等学科基本理论素养和相关的农业科学基础知识，了解和熟悉中国农业、农村与农民问题，掌握农业经济管理的基本理论与方法，具备调查研究和分析解决农业经济管理问题的综合能力，具有一定的国际视野、创新精神与创新创业能力，能在各级政府涉农部门、涉农企事业单位以及相关教学研究机构等从事管理与研究工作的高素质专门人才。

《国家中长期教育改革和发展规划纲要（2010－2020 年）》中对公办高等学校完善大学校长选拔任用办法，充分发挥学术委员会在学科建设、学术评价、学术发展中的重要作用，探索教授治学的有效途径，充分发挥教授在教学、学术研究和学校管理中的作用等方面做了具体要求。

在农业经济管理学科转型时期，通过不断修订完善本科教育专业目录，调整学位授予学科专业目录，使本科教育与研究生教育的学科专业目录逐渐趋于一致，学科设置与专业调整逐渐完善。

2. 学科体系不断完善并逐渐转型

这一时期，农业经济管理学科教育教学制度不断变革、调整，并逐渐完善，针对"三农"焦点与热点问题的变换，"三农"政策不断演进。这些制度有利于农业经济管理学科体系的完善与进一步发展。在学科数量逐渐增加的同时，使学科建设逐渐趋于科学，逐渐接轨于国际教育教学发展趋势。

在农业经济管理学科转型期，由于高校人才培养实践、制度、学科体系等方面的不断发展与变迁，这使得农业经济管理学科教育教学改革的研究成果逐渐增加，大多数研究成果聚焦于农业经济管理学科转型期时该学科的发展方向、扩展领域、与其他学科的交叉融合、人才培养模式、人才培养方案、教学内容与教学方式革新等方面。

在这一新的历史时期，"三农"发展的实践对农业经济管理政策制度、学科人才培养、教育教学制度、科学研究、教学研究提出新的要求，并顺应"三农"问题的新矛盾、新问题、新要求，农业经济管理学科体系在完善中进行转型，不断拓宽发展空间、开阔发展视野、改进措施、充实教学内容、转换教学形式，这将促使农业经济管理学科逐渐强大。

第五章　农业经济管理学科发展现状与发展趋势

本章主要分析中国农业经济管理学科发展机遇与挑战、社会经济对农业经济管理学科培养人才的需求与人才供给现状，以及农业经济管理学科发展趋势。共包括三节内容，第一节为中国农业经济管理学科建设现状，第二节为农业经济管理学科人才培养现状，第三节为农业经济管理学科人才供需与趋势分析。

第一节　中国高校农业经济管理学科建设现状

本节包括两部分内容，分别为中国农业经济管理学科建设院校及其农业经济管理学科建设特点与中国农业经济管理学科人才培养现状。

一、中国农业经济管理学科建设院校梳理

前几章内容将中国农业经济管理学科相关政策演进与学科发展、学术研究与学科发展、教育教学制度与学科发展的关系，以及学科相关教育教学研究进行了梳理，大致了解了农业经济管理学科发展百余年的历程与脉络，在此基础上，本章内容简单分析该学科发展现状，便于归纳发展中存在的问题、预测将来的发展趋势。

（一）全国建设农业经济管理学科的院校

在我国大多数高校农业经济管理学科建设都是通过设置农林经济管理一级学科，培养农业经济管理学科及相关学科的本科生与研究生。全国有 30 个省市自

治区的院校建设了农业经济管理学科，各省市自治区建设农业经济管理学科的学校数量有84个（不完全统计），各省市自治区的分布情况如表5－1所示。

表5－1　建设农业经济管理学科的地区与高校　　　　单位：所

地区	数量	学校	地区	数量	学校
上海	2	上海交通大学、上海海洋大学	天津	1	天津农学院
云南	3	云南农业大学、西南林业大学、西南林学院	陕西	3	西安财经学院、西北农林科技大学、陕西师范大学
内蒙古	1	内蒙古农业大学	宁夏	1	宁夏大学
北京	7	北京大学、中国人民大学、中国农业大学、北京林业大学、北京农学院、中央财经大学、中国社会科学院大学	吉林	5	延边大学、吉林农业大学、吉林大学、东北师范大学、长春科技学院
山东	4	聊城大学、山东农业大学、青岛农业大学、莱阳农学院	山西	3	山西农业大学、山西财经大学、山西农业大学信息学院
四川	2	四川农业大学、西南财经大学	安徽	2	安徽大学、安徽农业大学
广东	2	华南农业大学、仲恺农业工程学院	广西	2	广西大学、广西财经学院
新疆	3	石河子大学、新疆农业大学、塔里木大学	江苏	4	南京农业大学、南京林业大学、扬州大学、江南大学
江西	1	江西农业大学	海南	1	海南大学
河南	4	河南农业大学、河南财经政法大学、河南科技学院新科学院、河南财经学院	浙江	4	浙江财经大学、浙江大学、浙江农林大学、浙江林学院
湖南	4	湖南农业大学、湖南理工学院、中南林业科技大学、中南林学院	湖北	4	华中农业大学、中南财经政法大学、长江大学、湖北农学院
甘肃	3	兰州大学、甘肃农业大学、兰州商学院	黑龙江	3	东北农业大学、东北林业大学、黑龙江八一农垦大学
福建	1	福建农林大学	西藏	1	西藏大学

续表

地区	数量	学校	地区	数量	学校
贵州	4	黔南民族师范学院、贵州大学、凯里学院、贵州财经大学	辽宁	4	沈阳农业大学、大连海洋大学、沈阳农业大学科学技术学院、大连水产学院
重庆	1	西南大学	河北	4	河北北方学院、河北农业大学、河北经贸大学、河北科技师范学院

1. 直辖市建设农业经济管理学科的院校

按照行政区划，我国有北京市、天津市、上海市和重庆市四个直辖市，在这四个直辖市都建有与农业相关的高校，这些高校都建设了农业经济管理学科。

北京市、天津市、上海市和重庆市四个直辖市建设农业经济管理学科的高校有11所，其中上海市2所学校建设了农业经济管理学科，分别为上海海洋大学和上海交通大学；北京市有7所高校建设了农业经济管理学科，分别为北京大学、中国人民大学、中国农业大学、中央财经大学、北京林业大学、中国社会科学院大学、北京农学院；天津市只有天津农学院1所高校建设了农业经济管理学科；重庆市只有西南大学1所高校建设了农业经济管理学科。

2. 北部与西北部地区建设农业经济管理学科的院校

北部与西北部地区包括内蒙古自治区、宁夏回族自治区、甘肃省、河北省、山西省、陕西省、新疆维吾尔自治区七个省自治区，这些省区建设农业经济管理学科的高校共有18所：其中内蒙古自治区只有内蒙古农业大学1所高校建设了农业经济管理学科；宁夏回族自治区只有宁夏大学1所高校建设了农业经济管理学科；甘肃省有3所高校建设了农业经济管理学科，分别为兰州大学、甘肃农业大学和兰州商学院；河北省有4所高校建设了农业经济管理学科，分别为河北北方学院、河北农业大学、河北经贸大学和河北科技师范学院；山西省有3所高校建设了农业经济管理学科，分别为山西农业大学、山西财经大学和山西农业大学信息学院；陕西省有3所高校建设了农业经济管理学科，分别为西安财经学院、西北农林科技大学和陕西师范大学；新疆维吾尔自治区有3所高校建设了农业经济管理学科，分别为石河子大学、新疆农业大学和塔里木大学。

3. 东北地区建设农业经济管理学科的院校

东北地区包括黑龙江省、吉林省、辽宁省三个省份，共有 12 所高校建设了农业经济管理学科，其中吉林省有 5 所高校建设了农业经济管理学科，分别为延边大学、吉林农业大学、吉林大学、东北师范大学和长春科技学院；辽宁省有 4 所高校建设了农业经济管理学科，分别为沈阳农业大学、大连海洋大学、大连水产学院和沈阳农业大学科学技术学院；黑龙江省有 3 所高校建设了农业经济管理学科，分别为东北农业大学、东北林业大学和黑龙江八一农垦大学。

4. 中部地区建设农业经济管理学科的院校

中部地区包括安徽省、山东省、河南省、湖南省、湖北省五个省份，共有 18 所高校建设了农业经济管理学科，其中安徽省由安徽大学和安徽农业大学 2 所高校共建了农业经济管理学科；山东省有 4 所高校建设了农业经济管理学科，分别为聊城大学、山东农业大学、青岛农业大学和莱阳农学院；河南省有 4 所高校建设了农业经济管理学科，分别为河南农业大学、河南财经政法大学、河南财经学院和河南科技学院新科学院；湖南省有 4 所高校建设了农业经济管理学科，分别为湖南农业大学、湖南理工学院、中南林业科技大学和中南林学院；湖北省有 4 所高校建设了农业经济管理学科，分别为华中农业大学、中南财经政法大学、长江大学和湖北农学院。

5. 南部地区建设农业经济管理学科的院校

南部地区包括广东省、江苏省、江西省、浙江省、福建省、海南省六个省份，共有 13 所高校建设了农业经济管理学科，其中广东省有 2 所高校建设了农业经济管理学科，分别为华南农业大学、仲恺农业工程学院；江苏省有 4 所高校建设了农业经济管理学科，分别为南京农业大学、南京林业大学、江南大学和扬州大学；江西省只有江西农业大学 1 所高校建设了农业经济管理学科；浙江省有 4 所高校建设了农业经济管理学科，分别为浙江财经大学、浙江大学、浙江农林大学和浙江林学院；福建省只有福建农林大学 1 所高校建设了农业经济管理学科；海南省只有海南大学 1 所学校建设了农业经济管理学科。

6. 西南地区建设农业经济管理学科的院校

西南地区包括云南省、广西壮族自治区、四川省、贵州省、西藏自治区五个省区，共有 12 所高校建设了农业经济管理学科，其中云南省有 3 所高校建设了农业经济管理学科，分别为云南农业大学、西南林业大学和西南林学院；广西壮族自治区有 2 所高校建设了农业经济管理学科，分别为广西大学和广西财经学院；四川省有四川农业大学和西南财经大学 2 所高校建设了农业经济管理学科；贵州省有 4 所高校建设了农业经济管理学科，分别为黔南民族师范学院、贵州大学、凯里学院和贵州财经大学；西藏自治区只有西藏大学 1 所高校建设了农业经济管理学科。

从建设农业经济管理学科的分布地区来看，各省市自治区都有高校建设了该学科，并进行本科生、硕士研究生和博士研究生不同层次的人才培养。

（二）高校建设农业经济管理学科的特点

1. 各地区的农业院校较早建设农业经济管理学科

从全国农业大学分布情况来看，各省市自治区基本上都有 1 所农业院校，只有个别省市没有建立农业院校。在大多数省份的农业院校建设农业经济管理学科的特征与规律表现为：农业院校的农业经济管理学科是经济管理类学科中建设最早的学科，并在最初所设置的机构都是农业经济系，后来在拓展并增设了经济管理类其他学科人才培养的专业后，逐渐将农业经济系改称为经济管理学院。

目前，全国共有 31 所农业大学在 19 世纪 80 年代前后都建设了农业经济管理学科，目前该学科都建设于经济管理学院或财经类学院，这些农业大学包括：四川农业大学、云南农业大学、甘肃农业大学、新疆农业大学、河北农业大学、山西农业大学、内蒙古农业大学、安徽农业大学、福建农林大学、江西农业大学、山东农业大学、青岛农业大学、河南农业大学、湖南农业大学、中南林业科技大学、中国农业大学、南京农业大学、华中农业大学、华南农业大学、上海海洋大学、上海水产大学、西南农业大学、南京林业大学、西北农林科技大学、北京林业大学、中南林业科技大学、沈阳农业大学、东北农业大学、吉林农业大学、黑龙江八一农垦大学、东北林业大学。

2. 有部分综合性大学或财经类大学建设了农业经济管理学科

除了各省市的农业大学建设农业经济管理学科外，全国还有 30 所综合性大学与财经类大学建设了农业经济管理学科，分别为：北京大学、中国社会科学院大学、贵州大学、贵州财经大学、石河子大学、扬州大学、江南大学、上海交通大学、中央财经大学、中国人民大学、浙江大学、浙江财经大学、吉林大学、兰州大学、聊城大学、山西财经大学、安徽大学、河南财经政法大学、中南财经大学、长江大学、江西财经大学、广西大学、延边大学、宁夏大学、塔里木大学、西藏大学、西南大学、西南财经大学、陕西师范法学、河北经贸大学。

3. 部分地方普通院校建设农业经济管理学科

全国除重点农业大学、综合性大学和财经类大学建设农业经济管理学科外，还有 22 所省级本科院校建设了农业经济管理学科，分别为：浙江林学院、兰州商学院、大连水产学院、沈阳农业大学科学技术学院、天津农学院、北京农学院、西南林学院（云南）、黔南民族师范学院、山西农业大学信息学院、西安财经学院、浙江财经学院、中南林学院、莱阳农学院、河南财经学院、湖南理工学院、湖北农学院、仲恺农业工程学院、河北北方学院、河北科技师范学院、长春科技学院、凯里学院、河南科技学院新科学院。

同时，有一些省市的科研院所等研究机构，如中国社会科学院、中国农业科学院，以及各省的农业科学院和社会科学院等也建设了农业经济管理学科，培养该学科的硕士研究生与博士研究生，并从事该学科相关学术研究。

二、中国农业经济管理学科人才培养现状

在回顾了农业经济管理学科发展历程的基础上，内容研究目前高校农业经济管理学科建设情况，从高校农业经济管理学科本科教育与研究生教育方面进行分析，便于了解农业经济管理学科发展与专业建设现状。

（一）中国高校农业经济管理学科与专业建设现状

上述分析显示我国建设农业经济管理学科的院校有 80 余所，这些学校设置农业经济管理学科的特征具有学科的一致性，也有差异性，并表现为各自的特色。

1. 农业经济管理学科建设级别有所不同

在教育部本科专业目录与学位授予学科目录文件指导下，所有院校的农业经济管理学科所属基本趋于统一，一般设置于管理学学科门类下。但是各个学校农业经济管理学科的设置仍然具有一级学科与二级学科的区别。

就本科专业设置来看，有的高校设置本科专业农业经济管理学科一级学科，即设置农林经济管理专业招收本科生，有的高校设置农业经济管理学科一级学科下设的二级学科农林经济管理专业招收本科生，也有高校设置农业经济管理学科一级学科下设的农村区域发展二级学科招收本科生。但是这些学科的专业招收的本科生都属于农业经济管理类学科，毕业生都可以报考农业经济管理学科研究生。

就硕士研究生与博士研究生授权点来看，有的高校设置农业经济管理学科一级学科招收研究生与博士生，有的学校设置林业经济学科招收研究生与博士生，也有学校设置农业经济管理学科招收不同研究方向的研究生与博士生。

2. 农业经济管理学科培养人才层次有所差异

在我国有80多所高校建设农业经济管理学科，以及没有统计的高校与研究院所也建设农业经济管理学科，但是建设该学科的人才培养层次有所不同。

有些高校建设农业经济管理学科只培养本科生，如河北北方学院与河北科技师范学院这一类地方普通院校以培养农业经济管理学科本科生为主；有些高校只培养研究生，如河北经贸大学这一类地方性财经类大学主要培养农业经济管理学科研究生，不招收该学科本科生；还有一些高校与科研院所只培养该学科的硕士生与博士生，如浙江大学农业经济管理学科设有一级学科博士点。

同时，有的高校的农业经济管理学科建设同时涉及本科生与研究生的人才培养；有的高校该学科同时涉及本科生、研究生和博士生各个层次的人才培养，如中国农业大学、南京农业大学、河北农业大学等中央和各省设立的农业大学，既具有传统农业经济管理学科，又体现该学科建设的特色与优势，且这些农业大学招收农业经济管理学科本科生规模较小，硕士研究生和博士研究生高层次人才培养规模较大。

3. 农业经济管理学科博士研究生研究方向有所变化

在第四篇内容分析快速发展期间（1980～2000年）的农业经济管理学科教育教学制度时，列出部分高校农业经济管理学科的博士研究生招生研究方向，进入21世纪后，尤其近年来这些高校的博士研究生招生研究方向变化较大，例如部分高校目前招收博士研究生的学术研究方向见表5-2。

表5-2　部分高校近年来农业经济管理学科博士研究生招生的研究方向

高校	招收博士研究生的研究方向
中国农业大学经济管理学院	农业经济理论与政策、农产品市场与政策、农业经济与制度史、农业经济思想史、农村区域发展、涉农企业管理、财务管理与项目分析、国际贸易理论与政策、产业组织理论与政策、资源与环境经济等
南京农业大学经济管理学院	农产品贸易、农业经济管理、农业关联产业经济、现代涉农企业管理、食品安全管理、农业技术经济、农业资源与环境经济、农业经济理论与政策、农村与区域发展等
华南农业大学经济管理学院	农业经济管理、林业经济管理、农村与区域发展、食物经济与管理、农村组织与制度
华中农业大学经济管理学院	农业经济理论与政策、食物经济与管理、农业技术经济理论与政策、农业资源与环境经济、农产品国际贸易与营销、农村改革与区域发展、林业经济理论与政策、林业资源环境管理、农产品流通理论与政策、国际农产品贸易政策、农业投资理论与政策、农村金融管理、农业保险理论与政策、营销理论与农产品营销、合作经济组织管理等

表5-2显示中国农业大学经济管理学院、南京农业大学经济管理学院、华南农业大学经济管理学院和华中农业大学经济管理学院招收博士研究生的研究方向都体现出与时俱进的变化，从四所农业大学农业经济管理学科招收博士生的研究方向来看，在新时期农业经济管理学科的研究方向逐渐对农村区域发展、食品经济、资源环境经济、农产品市场、农业经济组织、涉农企业、农产品国际贸易等方面问题研究的重视。

（二）河北省农业经济管理学科建设现状

这里以河北省建设与农业经济管理相关学科的部分高校为例，简单介绍设有农业经济管理一级学科本科教育的高校对该学科建设情况进行分析。

1. 河北省农业经济管理学科建设的院校

河北省有四所高校建设了农业经济管理学科，分别为河北农业大学、河北经贸大学、河北北方学院和河北科技师范学院，其中河北农业大学和河北北方学院两所学校开设了农业经济管理学科的农林经济管理一级学科本科专业，该学科设置于经济管理学院，并培养农业经济管理学科的本科生与硕士研究生，同时，河北农业大学还培养该学科的博士研究生。

河北经贸大学和河北省科技师范学院开设农业经济管理类学科的农村区域发

展本科专业，培养农村区域发展专业本科生，以及培养农业经济管理学科类的研究生。河北经贸大学的农村区域发展专业设置于公共管理学院，河北科技师范学院农村区域发展专业设置于财经学院。除此以外，河北省农业科学院与河北省社会科学院设有关于农业经济的研究机构从事农业经济管理学科学术研究。

2. 河北农业大学农业经济管理学科建设

河北农业大学农业经济管理学科体系较为完整，既设置本科生教育，又具有硕士学位授予权和博士学位授予权。

（1）农业经济管理学科本科专业设置。

河北农业大学农业经济管理学科建设于经济管理学院，其前身源溯于1956年成立的农业经济教研组，1980年设立河北农业大学农业经济系，正式设立农业经济管理专业，开始招收本专科学生。1995年由原河北农业大学农业经济系和原河北林学院的林业经济系（1987年设立）合并设立了经济管理学院，于2002年将原经济管理学院分别设立了商学院与经济贸易学院。2019年9月，河北农业大学将原商学院、经济贸易学院及农学院农村区域发展专业合并组建经济管理学院。

（2）农业经济管理学科硕士与博士学位授权情况。

从1980年河北农业大学的农业经济管理学科招收本科生开始到1986年招收该学科研究生，河北农业大学经国家教委审批，农业经济管理学科建设成为硕士学位授权学科，成为河北省首批经济管理类硕士学位授权点，2000年经国家教委批准获得了农业经济管理学科博士学位授予权，成为河北农业大学第三个博士学位授权学科和全省第一批经济管理类博士学位授权学科。2005年经国家教委审批，建成农林经济管理一级学科博士点和农林经济管理一级学科硕士点。一级学科博士点下设4个二级学科博士点，分别为：农业经济管理、林业经济管理、农业技术经济与项目管理、农村财务与资产评估。一级学科硕士点下设5个二级学科硕士点，分别为：会计学、技术经济及管理、农业经济管理、林业经济管理、土地资源管理。

从1956年设置农业经济教研室开始到2020年，历经60多年的发展，农业经济管理学科形成了博士、硕士、学士不同人才培养层次，拥有农林经济管理博士后科研流动站、农林经济管理一级学科博士点、农林经济管理一级学科硕士点，农业经济管理学科为河北省重点学科。进入 21 世纪河北农业大学农业经济管理学科本科每年招生人数为 60 人左右。

3. 河北北方学院农业经济管理学科建设

河北北方学院经济管理学院的农业经济管理学科发展起源于农业经济管理课程的开设，在 1959 年梁国檫老师从北京农业大学到张家口农业高等专科学校（河北北方学院是经张家口市农业高等专科学校、张家口医学院、张家口高等师范专科学校合并而得名）首次开设农业经济管理课程，自此后农业经济管理学科随着课程开设到专业设置，再到管理机构建立逐渐得到发展，并形成从农业经济管理学科专科人才培养到该学科本科人才培养，再到该学科相关学科的研究生教育，农业经济管理学科人才培养层次逐渐提高。

1986 年张家口农业高等专科学校设立农业经济管理系，1987 年设立农牧业经济管理专业，开始招收专科生，2008 年设立农林经济管理本科专业，2009 年开始招收农业经济管理学科本科生，每年招收两个班，每班平均 35 人，即总招生人数为 70 人左右，但是近几年有逐渐减少的趋势，从 2018 年开始招收 40 人一个自然班的农业经济管理学科本科生。

同时，经济管理学院农业经济管理学科建设具有一批理论功底深厚、研究水平较高的学术研究团队。在 2012 年经济管理学院农业经济管理学科获批校级重点学科，2013 年该学科又获批省级重点发展学科。依托该学科 2013 年获得药物经济学硕士授权点，2014 年初获得农业推广专业农村区域与发展方向和农业科技组织与服务方向的专业硕士授权点，随着农业专业硕士授权领域的调整，2018 年将原招收的两个领域研究生改为招收农业管理与农村发展两个领域农业专业硕士，招生对象主要针对具有农业经济管理学科基础知识与理论的学生。21 世纪 20 年代将农业经济管理学科建设成为具有高水平科研团队与教师团队、本科生与研究生人才培养体系，让该学科在学校经济管理类学科中优势凸显。

（三）农业经济管理学科发展存在的问题

农业经济管理学科是经济学、管理学、农学等学科交叉融合的综合性学科，该学科人才培养适应农业经济发展需求，其目标在于培养具有现代农业经济管理理论和技能，从事农业产前、产中和产后各个环节经济管理和服务的专门人才。目前农业经济管理学科建设存在一些不足与问题。

1. 农业经济管理学科人才培养存在的问题

（1）人才培养过程中教与学结合存在不足。

农业经济管理学科各层次的学生，尤其是本科生对自己将来职业规划不明确，学生就业脱离行业领域，学习毫无目的与目标，导致学生学习态度不坚定。为了赢得学生的好感，部分教师教学偏离农业，加之教学方法改进不够、创新不足等，该学科的教与学严重脱节。在农业经济管理学科改革与转型期间，难以满足该学科进一步发展，以及学科建设的需求，同时也难以满足社会经济发展对该学科专业人才综合素质、专业知识与理论高质量的需求。

（2）农业经济管理专业非农化倾向明显。

从部分院校的农业经济管理学科建设情况看，非农化倾向严重，农业经济管理学科作为经济管理类交叉学科，与管理类学科比，管理类专业中财务管理、会计学、人力资源管理、市场营销、旅游管理等非农管理专业迅速发展；与经济类学科比，经济类专业中金融专业、资产评估等专业成为热点专业。而农业经济管理专业在各类院校招生人数逐渐减少，失去了一直以来具有的优势。从农业经济管理学科课程体系来看，一些反映农业特色与农业经济特色的课程逐渐被其他热门课程所取代。植物学、畜牧学、土壤肥料、植物保护等一些与农业密切相关的农业特色课程，以及农产品贸易、农业推广、农村金融等农业经济管理专业特色课程，在农业经济管理专业课程体系中不复存在。从学生就业去向看，90%以上的农业经济管理专业培养的学生都去了与农业无关的行业或部门（王军，2015）。这些方面的变化都说明农业经济管理专业特色和优势逐渐变淡，农业经济管理专业人才服务于农业的技能在弱化，农业经济管理学科发展前途堪忧。

（3）农业经济管理学科建设培养方案与培养目标需要更新。

随着工业化、城镇化、信息化和农业现代化"四化"建设的快速推进，社会各界对农业经济管理学科人才的需求也发生了较大的变化，社会更需要具有广博知识，以及宽口径、全方面技能的农业经济管理学科人才，而大多数的农业经济管理学科培养方案仍然遵循具有农学、经济学和管理学知识和基础理论的培养规律，因此，农业经济管理学科培养的人才理论知识与技能具有局限性，不能更好地适应大多数工作岗位对人才全面性技能的需求。

（4）农业经济管理学科与其他学科交叉融合还不够。

与上一个特征相联系，随着农业产业化、商品化、现代化、信息化的快速发展，农业经济管理学科不仅仅局限于经济学、管理学等基础理论学科的交叉融合，还需要与农学、畜牧学、生态学、气象学、电子信息、数学、建筑工程等学科交叉融合，才能适应现代农业发展的需求。但是，目前农业经济管理学科无论是科研还是教学都还没有逻辑思维、学科之间、知识之间、方法之间的交叉应用。

在农业现代化建设过程中，其他学科的科研人员、专家和学者都应用自己学科专业领域的思维、方法对现代农业相关问题进行研究，在科研项目申报与立项中，这些方面的课题较能创新，因而容易获得立项，相比之下，农业经济管理学科的专家、学者仍然局限于本学科专业的角度与思维方式，很难具有创新。

（5）农业经济管理学科建设与专业建设模式较为滞后。

农业经济管理学科由于存在以上几个问题，在适应社会需求方面，无论是农业经济管理学科的科学研究、社会服务，还是人才培养均表现为建设模式滞后问题。如科研人员缺乏参与现代农业建设的经历，研究的课题滞后于现代农业经济发展的需求；农业经济管理专业培养的人才缺少参与企业、有关部门与单位的实践活动，所以，在毕业后到工作岗位时，所学知识与技能有些用不上，与工作岗位需求不相适应。究其原因为农业经济管理学科建设滞后，农业经济管理专业人才培养方案的课程设置、实践教学等与社会需求相比均显示出滞后特征。因而，表现出农业经济管理学科建设与农业经济管理专业建设服务于社会的能力不足。

2. 农业经济管理学科建设存在的问题

（1）农业经济管理学科发展速度滞后于其他学科。

与农业经济管理学科相关的学科发展速度较快，如管理学门类下的工商管理类学科、经济学门类下的保险与金融学科，这些学科在改革开放后，随着社会经济的快速发展，市场经济主体的多元化，使得企业管理、财务管理、人力资源管理、市场营销、会计等学科与专业发展遇到了前所未有的机遇，这些方面人才培养随着社会需求的不断增加，人才培养规模不断扩大，各类专业设置越来越多，开设这些专业的学校也越来越多。同时，随着经济的快速发展，保险业与金融业也快速发展起来，对金融、保险专业人才需求加大，该专业培养的人才也越来越多，建设类似学科的学校也越来越多，这些学科专业人才培养规模的扩大，直接影响到农业经济管理学科招生与就业，进而影响到农业经济管理学科的发展。

（2）学科人才的社会需求有偏差。

1）高考学生对学科与专业认识不足。

在一年一度的高考前后，高中毕业的考生要选择学校、学科与专业的途径一般是家长建议、学校建议、从众行为和个人偏好所决定。家长抱着望子成龙的心态为高考学生提议报考学校、学科与专业选择，因而，所建议的学校都是从顶级学校一直到一本院校（211、985 院校）、一本院校（普通一本）、二本院校（省内一本）、二本院校（普通二本）、三本院校、专科学校进行降序，而家长的学科与专业建议大部分是从众行为，人云亦云，建议报考热门学科与专业，目的是将来找工作容易。

考生所在学校的建议一般是按照平时成绩由高到低作为参考建议学生报考高校，而在学科与专业选择上，学校给学生的建议一般是定了高校后，该高校的学科排名来选择报考专业。对于考生自己的选择一般分两种情况，在吸纳家长与学校的意见后，一部分学生从众，大家对什么学科热，就选择什么学科，另一部分学生是依据自己的偏好与爱好来选择学科与专业。但是就这些情况来看，学生报考几乎都是按照热门专业与学科来选择的，不会考虑或很少考虑农业经济管理学科，这也就是每年报考农业经济管理专业第一志愿人数比例较少的原因。

2）农业经济管理学科本科毕业生就业不理想。

高考学生不愿意选择农业经济管理学科，但是可能考上大学时被调剂到该学科与专业，仍然对其提不起兴趣，尽管有些农业经济管理专业的学生来自农村，无论是来自农村的大学生，还是来自城市的大学生，都对农业经济管理学科提不起兴趣。何况目前来看该专业就业仍然不理想。农业经济管理学科学生就业去向也具有不确定性，毕业生不愿意在涉农部门、涉农企业等工作，加之农业行业利润低，收入与报酬不理想，农业经济管理学科毕业的大学生大部分不从事本学科专业或领域的工作。

（3）农业经济管理学科相关研究具有不足与缺陷。

农业经济管理学科学术研究已经形成自己固有的研究方法与研究体系，在现代经济研究方法逐渐数量化，应用数学、统计学的方法越来越多的背景下，计量经济研究方法也逐渐被应用到农业经济管理学科的相关问题研究中。

但是，其他学科也逐渐扩展研究方向，从事农业经济管理学科所涉及的热点和焦点问题的研究。近年来，每年的国家社科基金项目、教育部人文社科项目中与农业经济管理方向相关的项目有大部分项目负责人不是农业经济管理学科的专家，因而农业经济管理学科的科研项目申报与获批、科研成果的出版都受到其他学科的挑战。

第二节　农业经济管理学科发展的挑战与困境

中国作为农业大国，农业经济管理学科发展与国民经济发展有着密切的关系，尤其与农业经济发展的关系密不可分。因而农业经济管理学科发展趋势顺应国家农业经济发展需求，并受国家农业政策与制度、经济政策与制度的宏观指导。新时期农业经济管理学科发展具有许多挑战与困境。

一、农业经济管理学科发展的挑战

随着社会经济的发展，社会逐渐产生新矛盾，"三农"发展出现新问题，对农业与农村发展提出高质量发展的新要求，也使农业经济管理学科发展遇到来自各方面的挑战与较大的困境。

（一）农业经济管理学科面临的新矛盾

随着社会经济新矛盾的产生，"三农"发展实践亟待解决的问题不断变化和升级，农业经济管理学科面临的新矛盾表现为以下几点：

1. 学科人才培养供给与社会经济对人才需求之间产生矛盾

社会经济发展对人才需求的变化，使得各大高校的各类学科与专业人才培养都面临不同程度的改革，涉及农业经济管理学科发展与专业建设的农业院校、综合类院校，财经类院校的农业经济管理学科也不例外。

在现代农业发展进程中，随着农业经济发展趋势对农业产业组织横向结合、种养业一体化经营、产加销产业链延长、一二三产业融合经营的农业产业化建设的高度重视，农业经济管理学科发展遇到新的挑战。为了应对新挑战，农业经济管理学科的传统研究方向、人才培养目标已经不具有优势，促使农业经济管理学科人才培养随着新时期社会经济发展的需求而进行转型，表现为：一是部分院校需要从研究型转向应用型；二是培养方案中的培养目标需要转型；三是人才培养的课程体系需要转型；四是人才培养的教学内容与教学方式需要转型。

2. 产业结构调整促使农业经济管理学科研究内容与方法进行转变

我国在工业化发展到一定程度时，工农结构由以农补工向工业反哺农业转变，这种转变对于农业经济管理学科建设影响较大。

随着产业结构的不断调整，农业的生产、加工、销售等产业链不断延长，这需要农业经济管理学科研究与专业建设的内容与工业经济、现代企业管理等相结合。农业经济管理学科研究的方法需要应用统计学、数学、计算机科学的一些研究方法，尤其计量经济学的研究方法引起重视，所以农业经济管理学科学术研究方法需要结合各个行业与各种不同方法的综合应用。此外，农业经济管理专业课程设置、教学内容、实践教学、教育体系等方面都需要作相应调整与转变。

3. 新时期"三农"热点与焦点问题的转变

农业经济管理学科相关问题的研究始终需要围绕"三农"的热点与焦点问题展开，随着"三农"相关领域新问题的出现，农业经济管理学科研究也需要转型。

我国从20世纪70年代末到20世纪80年代初实施改革开放以来，"三农"问题的重点与难点在不断进行变化，如从农村家庭联产责任制推行的必要性、机制、模式、成效，以及经济体制深化改革等问题，到农民增收、农业增效和农村经济发展等问题，再到传统农业向现代农业转变等问题。这些重大问题既表现出重点与焦点的转换，又在一个时期可能并存，这都促使农业经济管理学科建设与学科研究重点不断进行转变，并进行持续创新。

4. 城乡二元户籍制度变革对农业经济管理学科发展的要求

为了解决城乡二元结构问题，城乡户籍制度逐渐进行改革，并推行城乡一体化建设、城乡统筹发展策略。目前，城乡二元结构已经发生了巨大变化，新型城镇化建设已见成效，这些变化对农业经济管理学科建设提出新的要求。

随着城乡一体化建设和新型城镇化建设的逐渐推行，农村城镇化问题、农民市民化、农业现代化等问题的不断变化，随着户籍制度变革出现的社会保障问题，乡村治理与乡村振兴问题逐渐显现，随着农产品市场化发展出现的农民组织化问题、小农户与现代农业衔接问题的出现，这些转变都需要各方面的人才培养与社会服务跟上改革的步伐，并成为农业经济管理学科建设和专业建设方面进行变革的重点。

5. 农业综合生产能力提升需要农业经济管理学科创新

大农业所含农业、林业、畜牧业与渔业等产业需要不断提升综合生产能力，这就要求涉及各产业内涵的农业经济管理学科进行不断创新。

在现代化农业建设中，大农业大食物观念的形成与农业多功能特性的开发，消费者不仅追求事物的多样性与健康，即人类食物结构的调整与优化，人们不仅仅要吃饱、吃好，还要吃出健康、吃出营养、吃得放心、开心和舒心。同时，消费者还对农业的其他功能，如农业休闲、旅游、采摘、体验等农业多样性产品的需求数量越来越多，质量要求越来越高。所以，更需要注重农、林、牧、渔业全方位发展。此外，注重农业生态环境治理与改善，以及注重食物安全、食品安全等，这些新要求又需要农业经济管理学科进行学术研究与教育教学改革。

（二）农业经济管理学科建设面临的挑战

我国作为农业大国，在工业化迅速发展的情况下，日益重视"三农"问题的解决，并出台解决"三农"问题各方面的政策与策略，这不仅有利于解决"三农"实践发展存在的问题，实现农业现代化，而且有利于农业经济管理学科建设。但是，依据发达国家农业经济学科建设过程中不断转型的经验来看，我国目前的农业经济管理学科建设面临的各种挑战已经显现。

1. 农业经济管理学科研究问题复杂性的挑战

农业经济管理学科所研究问题已经由原来较为单一的"三农"问题转变为"三农"相关的复杂问题研究。最初农业经济管理学科研究的问题主要是传统农业转变为现代农业的问题，之后农业经济管理学科在很长一段时间其研究的问题集中于农业经济理论与政策问题研究，而且研究的目的大多是用经济理论解释农业经济领域存在的现象，通过研究存在的问题提出对策建议。

但是随着现代农业的发展，农业经济管理学科领域的"三农"问题逐渐复杂化，且与其他学科交叉发展，"三农"问题需要探究更深层次的课题，因此农业经济管理学科研究的问题更加复杂化。

2. 农业经济管理学科研究对象多元化的挑战

随着农业经济管理学科由初创期发展到改革与转型期，"三农"实践问题出现了复杂性，解决"三农"问题的政策与策略需要多措并举，农业经济管理学科人才培养面临多学科、宽口径的高素质综合性人才需求，这些变化使得农业经济管理学科研究对象越来越显示多元化特征。

首先，面临农业经济管理学科研究对象相关主体的多元化挑战，表现为农业经营主体、经营方式、生产要素研究的不断交替变化的挑战。最初农业经济管理学科的研究以农业经营主体行为研究为主，接着逐渐转变为农业经营主体与经营方式的研究，之后农业经济管理学科的研究对象又转变为农业生产要素与资源配置问题的研究，如剩余劳动力转移问题、化肥农药投入问题等。

其次，面临农业经济管理学科研究对象相关制度与体制的多元化挑战，表现为农业经营制度与体制的不断完善等方面的挑战。针对农业经营体制与制度的研究对象最早为农村家庭联产承包责任制等农业制度的研究，随着农民工进城潮流的兴起与不断发展，粮食安全问题成为主要研究的对象，之后，伴随着制度的变革，农产品商品化研究与农业产业化经营制度等研究成为焦点，继而农民收入问题、规模化经营制度与土地流转制度等问题相继成为研究重点。

最后，现代农业问题成为农业经济管理学科研究热点多元化问题的挑战。随着现代农业的不断发展与农业现代化水平不断提升的需求，在现代农业发展过程中，农业经济管理学科中各种经营主体出现了多元化，该学科的研究重点也将新型经营主体培育问题研究提到重要位置。近年来，随着社会经济的发展，农业经济管理学科的研究重点又转变为"三农"问题中的农村建设，如乡村振兴、农业农村优先发展、乡村治理等问题的研究，农业经济管理学科随着这些研究对象的热点与焦点的不断转变，最终呈现"三农"问题研究对象多元化并存的研究趋势，这对于农业经济管理学科研究人员把握研究方向来说是较大的挑战。

3. 农业经济管理学科研究方法数量化的挑战

农业经济管理学科针对具体问题应用的研究方法是综合性的，大多数问题的研究方法是集农学研究方法、管理学研究方法和经济学研究方法为一体。

随着计量经济学课程在管理学科与经济学科各个专业的开设，按照本科生、研究生和博士生不同层次学生所开设的计量经济学课程的难度逐渐加深，由初级计量经济学、中级计量经济学和高级计量经济学组成的计量经济学课程体系逐渐被各大高校所重视，尤其是各高校的硕士研究生与博士研究生在课题研究与学位论文写作过程中，研究方法中计量经济模型分析方法不可或缺，而且计量经济研究方法在某种程度上也能为研究增加量化依据和可行度，所以，在农业经济管理学科研究方法中，计量经济模型被频繁地应用，数学与统计学分析方法在经济问题的分析方面显示出重要性。因而农业经济管理学科的"三农"问题研究方法面临数量化研究方法与计量经济模型应用的挑战。

4. 农业经济管理学科研究主体多领域化的挑战

在进入 21 世纪以来，农业经济管理学科的研究领域不仅仅是农业经济管理学界专家学者关注农业经济管理学科的发展，这个时期其他学科的专家学者已经介入农业经济管理学科领域研究相关问题，主要表现在研究课题的申报受到其他学科研究农业经济领域的选题所挤压，获批的与立项的农业经济管理学科相关研究问题的高级别科研项目与课题，有很大一部分是其他学科领域的研究者申报的项目。同时，农业经济管理学科领域的研究经费在下降，该领域研究人员减少，而农业经济管理学科之外的其他学科研究人员在增加。

5. 农业经济管理学科对优秀人才缺乏吸引力的挑战

基于上面一些问题的出现，由于各方面的趋势不利于农业经济管理学科建设、农业经济管理专业发展，所以，不仅高考学生报考农业经济管理学科的本科专业的生源在减少，而且报考农业经济管理学科研究生与博士生的数量也在减少，加之该学科培养出的人才就业环境不好，报酬低于其他学科，因而优秀生源逐渐减少，致使农业经济管理学科高职称、高学历、高水平的优秀人才呈现萎缩现象。

二、农业经济管理学科招生与就业困境

农业经济管理学科人才培养的困境主要表现在招生方面的困境与就业方面的困境，以地方普通院校河北北方学院为例分析该学科招生与就业困境。

（一）农业经济管理学科本科毕业生就业困境

农业经济管理学科本科学生毕业后能做什么工作、该学科的本科毕业生在哪些城市工作，对于这些问题的解答通过河北北方学院该学科 2013 届到 2019 届农

业经济管理学科本科毕业生的去向进行分析。

1. 由毕业后就业者居多转变为考研人数增加

2013 届农林经济管理专业本科毕业生是农业经济管理学科本科生第一届毕业生（从 2009 年开始招收第一届本科生），2013 年第一届毕业生到 2019 届毕业生的考研与就业情况如表 5 - 3 所示，从表中数据来看，2013 届农林经济管理专业 73 名本科毕业生中，考研的人数有 5 人，就业人数有 68 人；2016 届农林经济管理专业 73 名毕业生中考研人数最多，达到 7 人，就业人数为 66 人；2019 届农林经济管理专业 67 名毕业生中考研人数 4 人，就业人数为 63 人。

表 5 - 3　农林经济管理专业毕业生就业与考研情况　　　　单位：人，%

	毕业生总数	考研人数	考研比例	就业人数	就业比例	考公务员
2013 届	73	5	6.85	68	93.15	0
2014 届	64	4	6.25	60	93.75	0
2015 届	69	4	5.80	65	95.20	0
2016 届	73	7	9.59	66	90.41	0
2017 届	75	2	2.27	73	97.73	0
2018 届	65	4	6.15	61	93.85	0
2019 届	67	4	5.97	63	94.03	0

从表 5 - 3 中数据来看，就业比例在 93% 左右，考研比例在 6% 左右，虽然从表中 2013 届到 2019 届毕业生考研占比来看，没有多大变化，但是，2020 届毕业生考研人数已经超过 10%，这个比例结合近几年的考研比例来看，有上升的趋势。

2. 农业经济管理学科毕业生就业于企业者居多

农业经济管理学科的本科生 90% 以上的应届毕业生毕业后选择就业（见表 5 - 3），而且毕业后就业的学生选择企业工作的较多（见表 5 - 4）。

由表 5 - 4 可知：河北北方学院农业经济管理学科 2013 届本科毕业生有 76.5% 的学生在企业工作，2019 届农业经济管理学科毕业生在企业工作的比例为 77.8%，而且在企业就业的学生比例逐渐增多。

表5-4　农林经济管理专业毕业就业情况　　　　单位：人,%

年份	就业	企业	占比	行政事业	占比	专业中介	占比	金融部门	占比
2013	68	52	76.5	13	18.6	2	2.9	1	1.4
2014	60	46	76.7	7	11.7	1	1.7	6	10
2018	61	48	78.7	5	8.2	3	4.9	5	8.2
2019	63	49	77.8	8	12.7	1	1.6	5	7.9

该学科本科毕业生在企业之外就业的有行政事业单位与金融部门等，2013届毕业生在行政事业单位工作的占比为 18.6%，而 2019 届毕业生在行政事业单位工作的比例为 12.7%，在事业单位与机关就业的学生数在减少。2013 届学生金融部门工作的学生占比 1.4%，2019 届毕业生在金融部门工作的比例为 7.9%，近年来在商业银行就业的毕业生数在增加。

农业经济管理学科本科毕业生考取专业资格证书，在专业中介机构就业的人数有增有减，大部分是考取注册会计师资格证书，这些年只有 2014 届毕业生中 1 名同学是考取律师资格证，2013 届有 2 名学生就业于会计师事务所，2019 届学生有 1 名毕业生就业于会计师事务所。

（二）河北北方学院农业经济管理学科本科毕业生去向

河北北方学院农业经济管理学科 2013 届和 2019 届本科毕业生选择行业与城市有一定的特点，也说明了该专业毕业生对自己所学专业的满意度与职业的谋划。

1. 毕业生工作和学习的行业选择农业领域的较少

从农业经济管理学科本科毕业学生所从事工作的行业特点来看（见表 5-5），该学科毕业生在农业行业工作的人数占比例较少，所选择的考研院校也很少有选择农业院校的，2013 届学生考研的 5 名学生只有 1 名学生选择在中国农业科学院农业经济研究所继续攻读农业经济管理学科硕士研究生，其他 4 名学生都选择了非农业院校读硕士研究生；2019 届学生 4 名考研的学生 2 名学生选择了综合性院校读研，2 名学生选择了本科所在院校（河北北方学院农业专业硕士）读研。

表 5 - 5　农林经济管理专业毕业生去向

<table>
<tr><th colspan="2">地区与类别</th><th>2013 年（人）</th><th>占比（%）</th><th>2019 年（人）</th><th>占比（%）</th></tr>
<tr><td rowspan="2">考研录取学校</td><td>农业与财经院校</td><td>中国农科院（1）</td><td>20</td><td>河北北方学院（2）</td><td>50</td></tr>
<tr><td>科研院所与综合性大学</td><td>石家庄铁道大学（1）、济南大学（1）、天津财经大学（1）北京物质学院（1）</td><td>80</td><td>河北大学（1）湖北工业大学（1）</td><td>50</td></tr>
<tr><td rowspan="2">工作所在行业</td><td>农业公司</td><td>7</td><td>13.5</td><td>5</td><td>10.2</td></tr>
<tr><td>其他公司</td><td>45</td><td>86.5</td><td>44</td><td>89.8</td></tr>
<tr><td rowspan="4">工作所在城市</td><td>河北省外</td><td>19</td><td>30.2</td><td>21</td><td>38.2</td></tr>
<tr><td>其中：京津地区</td><td>15</td><td>78.9</td><td>19</td><td>90.5</td></tr>
<tr><td>河北省内</td><td>54</td><td>69.8</td><td>34</td><td>61.8</td></tr>
<tr><td>其中：张家口市</td><td>14</td><td>25.9</td><td>2</td><td>5.9</td></tr>
</table>

从毕业生所选择工作的企业来看，涉农企业就业者较少，2013 届毕业生在涉农企业工作的学生占企业工作学生数的 13.5%，有 86.5% 的毕业生选择在非农企业工作；2019 届毕业生在企业工作的人数中有 10.2% 在涉农企业工作，89.8% 的毕业生在非农企业工作。因此，该学科的毕业生选择工作的企业呈现倾向于非涉农企业的趋势。

2. 毕业生工作和学习的地区选择京津冀地区的居多

从农业经济管理学科毕业生的工作所在地区和城市来看，在河北省内工作的人数占到 60% 以上，2013 届农业经济管理学科毕业生在河北省工作的比例为 69.8%，2019 届毕业生在河北省工作的比例为 61.8%；在河北省内工作的毕业生选择张家口市工作的占比 2019 届比 2013 届学生还少，这意味着在河北省外工作的毕业生是越来越多，2014～2018 年的变化规律也符合该趋势。在河北省外工作的农业经济管理学科毕业生选择京津两市的居多，2013 届学生在京津工作的人数占省外工作的人数 78.9%，2019 届毕业生在京津工作的人数占省外工作人数的 90.5%，说明农业经济管理学科毕业生选择其他省市的比例呈现越来越少的趋势，在京津冀区域就业的学生越来越多。

从农业经济管理学科毕业生的就业去向综合分析来看，学生就业选择的行业在扩大，选择的地区范围在缩小。

（三）农业经济管理学科招生与毕业环节的问题

农业经济管理学科目前的处境较为困难，无论是招生，还是就业都排名在后，如果没有切实的措施，其学科与专业优势很难起到应有的作用。

1. 农业经济管理学科招生方面的问题

2018 年之前，河北北方学院农业经济管理学科招收本科生人数在 70 人左右，每年具体人数不同，如 2011 年招收 69 人，2012 年招收 73 人，2013 年招收 76 人，2014 年招收 78 人。从 2018 年开始河北北方学院农业经济管理学科招收本科生减少了 1 个班，仅招收 40 人左右。河北北方学院近几年招收农业经济管理学科的本科生人数有减少的趋势。

从河北北方学院农业经济管理学科本科人才培养的生源情况来看，报考该学科填报第一志愿的人数占录取人数的比例不高。同时，从第一学期结束转专业的人数来看，在河北北方学院读本科的学生无论是理科生还是文科生欲转到经济管理学院的学生大多数倾向于转到财务管理专业学习，没有转入农林经济管理专业的意愿。如 2015 年 5 月从农业科学技术学院、动物科技学院和法政学院等其他专业第一批转入经济管理学院的学生人数为 27 人，有 25 人转入财务管理专业，有两人转入人力资源管理专业。但是，2020 年有农学学科相关的学生具有转入农林经济管理专业的意向，这也预示着"三农"领域中农业经济比其他农学领域具有一定的吸引力。

2. 农业经济管理学科本科生毕业环节的问题

从已经毕业的农业经济管理学科本科生的毕业论文以及 2020 届即将毕业的学生论文准备工作来看，论文撰写逐渐趋于规范，但质量有待提高。由于对经济管理学院学生在上课、考核和毕业等环节都有严格的要求，毕业生论文在选题、开题、社会调查、论文撰写、答辩等各环节上趋于规范，并能提前做出安排和动员，但因学生就业压力逐步加大，找工作与撰写毕业论文在时间上有冲突等原因，学生做论文积极性下降，部分学生不主动与指导老师联系。同时，尽管论文选题较为规范，但因调研不深入、数据收集不足等，论证较粗略，使论文内容空泛。一些学生的指导老师不熟悉研究方法，学生不熟悉写作规范，影响了该学科论文质量整体水平的提高。

3. 农业经济管理学科本科生就业方面的问题

从社会对农业经济管理学科的人才总需求与人才总供给来看，基本上处于供不应求的状态，但是从毕业生就业的实践来看，供求是失衡的。从各地的农林经济管理专业毕业生择业与就业情况，以及河北北方学院前两届农林经济管理专业的毕业生去向来看，就业意愿相对集中于城市与其他行业，多数学生不愿意到农村与农业部门工作，而相对于农村与农业部门对该专业人才的需求量来说，无疑使得该专业人才的实际需求与有效供给失衡。

一方面，从表5－5所列河北北方学院农业经济管理学科毕业生去向来看，2013届与2019届毕业生在河北省内工作的人数占到毕业生的69.8%和61.8%，在省外工作的毕业生2013届与2019届在京津地区就业的分别占在省外就业人数的79.0%和90.5%；而2013届与2019届的毕业生在省内工作的毕业生选择张家口市的就业人数占省内工作人数的比例分别为25.9%和5.9%。所以，从前两届毕业生就业的地区来看，在省内就业者占到60%多，在省内工作的选择张家口市的人数较少；而在省外工作的选择京津两市的比例从占70%上升到90%多，说明该学科毕业生就业的地区仍然将大城市作为首选工作地区，不愿意到较为偏僻的地区就业和工作。

另一方面，从表5－3、表5－4所列河北北方学院农业经济管理学科的毕业生就业和考研的行业来看，考研的学生几乎都选择综合性大学与财经类大学，而选择农业院校的较少；从就业的企业来看只有10%左右的学生选择涉农企业工作，而80%多的学生选择其他行业，甚至宁可选择去房地产公司做售楼服务工作，也不愿意到需要农经人才的农村和农业企业发挥自己的才能。

上述所分析的就业观念与就业行为的形成不是偶然的，这与长期以来农业行业相对利益微薄、职业荣誉感低下的观念的形成有较大的关系。所以，农业经济管理学科需要创新人才培养模式，从人才培养的最初入手，培养知识型和观念型兼具的农业经济管理学科高素质人才，才能改变该专业人才有效需求与有效供给的现状，这将促使农业经济管理学科与时俱进，依社会需求变化而改革与转型。

第三节 农业经济管理学科人才供需与学科发展趋势

本节主要分析高校农业经济管理学科人才的供给与社会对农业经济管理学科人才的需求，以及农业经济管理学科发展的趋势。

一、农业经济管理学科人才供求分析

农业经济管理学科人才供求主要从高校农业经济管理学科的人才培养与供给和社会经济发展对该学科人才的需求进行分析。

（一）农业经济管理学科人才供求状况

农业经济管理学科人才培养、人才供给不仅受到"三农"发展实践、政府关于"三农"的相关政策、"三农"相关部门的制度、学术研究等因素的影响，还受到行业竞争、人才市场环境等因素的影响。

1. 人才供给的专业劣势与竞争环境

与其他经济管理类学科比较，农业经济管理学科人才供给目前仍然处于劣势，但是农业经济管理学科人才供给环境将会逐渐改善。

（1）农业经济管理学科人才供给环境处于劣势。

与其他行业比较，农业仍然是一个利润率较低的行业，一直以来，在农业相关部门工作的收入不高，这也是上述分析的农业经济管理学科本科毕业生选择涉农单位就业比例较小的主要原因之一，农业经济管理学科与经济管理类其他学科比较，确实存在专业弱势，在与其他经济管理类专业竞争中存在困难，农业经济管理学科毕业生的就业环境处于劣势。

以河北北方学院为例分析农业经济管理学科毕业生就业与专业的困境。河北北方学院人才培养覆盖了理学、工学、农学、医学、文学、管理学、法学、经济学、艺术学、历史学和教育学 11 个学科门类，开设本科专业 75 个，2019 届毕业生工作与专业相关度的调查结果如表 5-6 所示。

表5-6　2019届毕业生工作与专业相关度的调查报告学院排名

	相关度排名前四的学院				相关度排名最后四位的学院			
	第一临床医学院	医学检验学院	药学系	中医学院	信息科学与工程	外国语学院	演绎学院	农林科技学院
相关度（%）	97	94	94	90	64	57	52	42

资料来源：麦可思《河北北方学院2019届毕业生培养质量评价》数据。

全校75个本科专业的2019届毕业生工作与专业相关度平均为73%，表5-6显示2019届毕业生工作与专业相关度的调查报告学院排名。较高的院系是：第一临床医学院为97%，医学检验学院为94%，药学系为94%；工作与专业相关度较低的院系是：农林科技学院为42%，经济管理学院为74%。

工作与专业相关度较高的专业是：医学影像学为100%，临床医学为98%，医学检验技术为98%；工作与专业相关度较低的专业是：农学为45%，植物保护为39%，农林经济管理为29%，园艺为25%（见表5-7）。

表5-7　2019届毕业生工作与专业相关度的调查报告专业排名

	相关度排名前四的专业				相关度排名最后四位的专业			
	医学影像学	临床医学	医学检验技术	中西医临床医学	农学	植物保护	农林经济管理	园艺
相关度（%）	100	98	98	96	45	39	29	25

资料来源：麦可思《河北北方学院2019届毕业生培养质量评价》数据。

其他管理类专业工作与专业相关度分别为：酒店管理为72%、人力资源管理为75%、市场营销为79%、财务管理为83%（见表5-8）。这些数据资料充分说明带"农"专业工作与专业相关度较低，因为这个行业目前的收入仍然较低。

表5-8　2019届毕业生工作与专业相关度的调查报告管理类专业排名

	财务管理	市场营销	人力资源管理	酒店管理	农林经济管理
相关度（%）	83	79	75	72	29

资料来源：麦可思《河北北方学院2019届毕业生培养质量评价》数据。

有些说法不一定准确，但是也说明了农业经济管理学科本科毕业生就业的严峻形势。农业经济管理学科属于管理学学科门类，在管理学类的 47 个本科专业中，农林经济管理专业就业排名较后。就上述分析来看，农业经济管理学科毕业生的就业环境仍然较差，结合下面分析各大院校该学科人才供给来看竞争仍然很激烈。

（2）农业经济管理学科人才供给环境的发展前景。

虽然在很长一段时间以来，农业经济管理学科人才供给的环境不太好，但从长远来看，国家对"三农"问题的重视程度在不断提高，农业经济持续发展问题成为经济发展的重中之重。

从全国范围来看，各省、市、地、县的涉农行政机关、涉农企业、涉农专业机构等就业范围与就业途径仍然是比较宽广的，只要将农业经济管理的基本理论、专业知识和相关学科知识学好、会用，农业经济管理学科及相关领域无论是发展前景还是就业前景仍然具有较大的潜力，并具有广阔的发展空间，农业经济管理学科培养的人才可以大有可为。所以，在不久的将来农业经济管理学科人才供给的环境会不断发生变化，并逐渐得到改善。

2. 农业经济管理学科人才供给

农业经济管理学科每年的本科毕业生可以按照设置该类学科的学校四年前该学科的招生人数来统计。假设招生人数在 4 年毕业后有两个发展方向可以选择，一个方向是考研继续读硕士，另一个方向是本科毕业直接参加工作。将考研继续读硕士的学生再看作是潜在的农业经济管理学科人才供给，所以，每年该学科人才的供给量与 4 年前本科招生人数相差不大，这里假设每年招收的农业经济管理学科本科生与四年后毕业就业的人数是均等的。农业经济管理学科人才供给规律如下：

（1）农业经济管理学科本科生招生计划决定人才的社会供给。

在上述假设的条件下，一般每年的本科生招生人数就是 4 年后的毕业生就业人数，也就是对社会输送的农业经济管理学科的人才，即农业经济管理学科所培养人才的总供给。再假设每年考研人数基本不变，考研人数又是将来的潜在供给者，所以，每年的招生人数基本上构成了 4 年毕业后该专业的社会供给总量，即高校每年的农业经济管理学科招生计划决定了 4 年后对社会提供该学科人才的总供给。按照 84 个学校的招生人数来统计，每年招生人数如表 5 - 9 所示。

表 5 – 9 84 所开设农业经济管理学科的院校本科生招生人数

	100~120 人院校	70 人院校	60 人院校	40~50 人院校	30 人的院校	总计
学校数（所）	5	9	55	11	4	84
每年总数（人）	500	630	3300	500	120	5050

资料来源：查阅各个学校的招生计划总结所得（不完全统计）。

从表 5 – 9 所列学校的农业经济管理学科计划招生人数来看，84 所建设有农业经济管理学科的高校中有 82 所高校招收该学科本科生，其中每年招收 100~120 人的学校有 5 所，这 5 所高校按照每年平均招收 100 人计算，5 所高校每年招收农业经济管理学科的总数为 500 人。每年招收 70 人的高校有 9 所，这 9 所高校每年招收农业经济管理学科总人数为 630 人。每年招收 40~50 人的学校有 11 所，这 11 所学校每年招收农业经济管理学科学生总数为 500 人。每年招收 30 人的高校有 4 所，这 4 所学校每年招收农业经济管理学科总人数为 120 人。其余的 55 所高校招收的农业经济管理学科学生数为 60 人左右，这些学校每年招收农业经济管理学科人数总量达到 3300 人，84 所高校每年总计招收农业经济管理学科人数大约为 5050 人。

表 5 – 9 所列数据是 2015 年或 2016 年的招生人数，也就是 2019 年与 2020 年农业经济管理学科的毕业生人数，人才供给总量可以达到 5050 人。

（2）招生增减的规律决定其供给规律。

各个高校每年农业经济管理学科本科生招生计划的变化影响该学科人才的社会供给量，部分院校农业经济管理学科本科招生计划的变化情况如表 5 – 10 所示。

表 5 – 10 农林经济管理专业招生人数变化的院校招生人数   单位：人

学校	2014 年	2019 年
山东农业大学	74	74
沈阳农业大学	59	94
甘肃农业大学	115	95
湖南农业大学	57	125
天津农学院	59	59
北京农学院	50	95

资料来源：查阅各个学校的招生计划总结所得。

从各个学校农业经济管理学科招生计划的变化规律来看，一部分高校该学科招生人数在逐渐减少，另一部分高校招生人数在增加。

表 5-10 显示的部分高校每年农业经济管理学科本科生招生人数就是 4 年后毕业就业人数，也就是农业经济管理学科人才培养总量，即对社会提供该学科的总供给量。如果某年该学科本科招生人数有减少的趋势，意味着 4 年后该学科供给社会的专业人才就具有减少的趋势；如果某年该学科本科招生人数有增加的趋势，意味着 4 年后该学科供给社会的专业人才就具有增加的趋势。

近几年来某些高校农业经济管理学科本科招生人数有减少的趋势，有高校近年来招生人数稳定不变，如中国农业大学经济管理学院招收农业经济管理学科本科生在近三年稳定在 30 人，而有些高校农业经济管理学科本科生招生数量没有减少反而有所增加，从表 5-10 所列 6 所高校中除了甘肃农业大学农业经济管理学科本科生招生人数减少外，其余学校该学科招生人数保持稳定或增加，如山东农业大学和天津农学院在 2014 年与 2019 年招生人数稳定保持在 74 人，没有变化。沈阳农业大学的农业经济管理学科本科招生、湖南农业大学的农业经济管理学科本科招生（含农林经济管理专业和农村区域发展专业）和北京农学院的农业经济管理学科本科招生（含农林经济管理专业和农村区域发展专业）3 所高校招生人数都有所增加。

上述分析显示，虽然近年来有些高校增加该学科招生人数，有些高校减少该学科本科招生人数，但是从整体变化趋势来看，目前和将来的农业经济管理学科本科人才供给基本上是稳定的，即在供给数量上不会有大增大减。

（二）农业经济管理学科人才需求

农业经济管理学科本科毕业生可以就业和能够就业的单位或部门与其专业涉及的知识与相关问题有密切的关系，了解与掌握该学科所涉及的主要知识和相关问题，以及社会所关注的"三农"方面热点问题与焦点问题，对于解决人才培养存在的问题至关重要。

1. 农业经济管理学科所涉及的热点问题

我国的农业经济管理学科教育与科研始终围绕着"三农"实践的历史性转变所出现的各种问题而开展工作，农业经济管理学科的教育与教学也随着农村发展实践、"三农"的政策演进与制度变迁而不断改革与创新。

"三农"涉及的相关问题，也就是农业经济管理学科主要涉及的问题有四大部分组成，包括农业制度、农业要素、农产品市场、农业发展与宏观调控等方面的问题。此外，农业资源开发、利用与生态环境保护、农业自然灾害与人口、社会问题等相关的资源经济与社会问题，以及区域农业发展与区域竞争优势、农业政策、农产品国际贸易、农业信贷与农业保险等也是农业经济管理学科所研究和关注的问题。

总结农业经济管理学科研究和关注的"热点问题"，包括农村经济体制改革和农村经营制度研究、农村土地制度研究、农业发展、发展战略和农业现代化研究、农产品流通与价格、粮食问题、乡镇企业问题研究、农业生产结构和农村经济结构、农业规模经营理论与实践研究、农业生产结构和农村经济结构、农业规模经营、农业产业化、农村合作经济、农村剩余劳动力转移、农村工业化、农民市民化与小城镇发展、食品安全问题、农业生产标准化和农产品标准、农业资源与环境问题、乡村振兴、产业融合、农业现代化、农村城镇化等相关问题。而且在进入21世纪后，尤其是近年来，"三农"问题的研究领域与研究方向都有扩展的趋势，这些都是影响农业经济管理学科人才培养与供给的主要因素。

2. 农业经济管理学科人才的就业方向与就业单位

上述分析"三农"涉及的相关问题和农业经济关注的热点问题所涉及的单位与部门，农业经济管理学科本科毕业生与研究生均可以作为工作和就业的单位。所以，农业经济管理学科学生毕业后主要到各类农（林）业企业、教育科研单位、各级政府部门，以及涉农中介机构、金融机构等从事经营管理、市场营销、金融财会、政策研究等方面的工作。

具体来说，农业经济管理学科培养的学生毕业后既可以到企事业单位从事经营、管理（行政、人事）、市场分析和营销策划等工作，也可以进入大中型农牧企业和食品加工、贸易企业、与农业和食品产业从事有关的金融投资、流通贸易、加工运输、科技开发、新闻传媒、咨询服务等企事业单位，还可以从事农产品的国际贸易和农产品市场营销、农产品电子商务等工作。

此外，通过公务员考试进入中央和地方各级政府的综合经济管理部门、农业与农村管理部门、食品产业管理部门和政策调研机构，从事计划、规划与设计、推广与发展、农业经营管理、农业政策理论研究等方面的选择。也可以考取经济管理类的硕士研究生，进入有关的高等院校和科研机构从事教学与科研工作。依据国家统计局资料，2018 年全国有乡 10253 个，镇 21297 个。2017 年第一产业的法人单位数量有 1670774 个。这些乡镇行政管理与法人单位都需要农业经济管理学科及相关学科的研究生与本科毕业生，需求量较大；其他涉农、涉经济、涉管理的行业、部门、单位也对农业经济管理学科人才有较大需求。

二、农业经济管理学科发展趋势

随着农业、农村经济发展水平的不断提高，农民生活的逐渐改善，"三农"实践问题的主要矛盾开始转变，加之"三农"政策不断演进，学科的学术研究方向与领域的研究焦点与热点问题的不断变化，学科教育教学制度的不断完善，农业经济管理学科呈现以下发展趋势。

（一）农业经济管理学科持续发展优势

改革开放以来，我国农业和农村经济已经发生了重大变化，特别是近年来随着农业产业化的推进，现代农业逐渐替代传统农业，"互联网＋现代农业"的兴起，大量涉农行业与涉农企业正在崛起和发展壮大，成为我国农业现代化进程中的历史性新动向。农业经济管理学科在此大背景下有一定的发展优势。

1. 农业的社会性与多功能性发展趋势对该学科人才的需求加大

随着农业基础地位的不断提高，农业社会性、多功能性的逐步加强，政府和企事业单位关于农业政策的制定和执行力度加大，越来越需要大批量从事相关工作的专业人才；而农业经济管理学科则着重培养知识面较宽、熟练掌握现代经济分析方法、经营管理理论与实践，具有向经济学相关领域扩展渗透的能力和经营管理、行政管理的知识与才能，能在涉及农业的综合管理部门、政策研究部门从事经济分析、预测、规划和经济管理工作的高级人才，此为专业优势之一。社会对农业经济管理学科与专业的人才需求具有多样性（洪名勇，2008）。但是在高等教育大众化时代，社会对农林经济管理学科人才的需求是有差异的，而且需求人才的专长也各有不同。说明目前农业经济管理学科人才需求是多方面的，与上述分析的农业经济的热点问题和焦点问题相关的领域、行业，及其相关的高校、行政事业部门、企业、服务单位都需要农业经济管理学科培养的人才。

上述分析显示全国有较多的乡、镇、第一产业的法人单位等部门与单位都需要农业经济管理学科及相关学科的研究生与本科毕业生，需求量较大。加之，其他涉农、涉经济、涉管理的行业、部门、单位也对农业经济管理学科人才有较大需求。除此外，全国还有许多涉农非法人组织和家庭农场等一些新型经营组织与经营主体，这些单位与组织都需要农业经济管理学科培养的研究生与本科生。同时，还有一些涉农金融机构、涉农服务机构也需要农业经济管理学科培养的人才。

2. 现代农业发展与农业产业化发展对管理人才加大需求

进入 21 世纪，生物科学和信息科学发展较快，农业国际化也是不可逆转的大趋势，随着经济整体发展对农业的要求，农业发展开始成为经济发展的一个重要组成部分。而我国作为农业大国，要想从根本上改进农业生产技术，提高农业劳动生产率，从而改善农民的生活条件，提高农民在技术、文化等方面的素质，改变农村的落后面貌，发展农村经济，这一系列社会经济发展的要求，都需要大量的农业经济管理人才投身到基层中去，广大的农村经济对农业经济管理人才必将提供无数就业岗位。

现代农业的一体化、产业化要求与一二三产业融合经营的趋势，公共管理的商业性，以及从事农产品加工、贸易的企业及公司的不断增多，决定了社会对相关企业管理人才的需求必然呈增多的趋势，在这些方面，农业经济管理学科的硕士研究生与本科毕业生具有较强竞争力。

要使我国农业在体制上完全适应市场经济的要求，这就需要大量的农业经济管理学科的研究与应用人才，发展既适合我国农业实际情况，又可以适应与国际接轨的新的农业经济体制。农业经济管理学科培养的研究生与本科生是我国农村经济实现科学、合理规划、高效、快速发展的关键，因此就业空间十分广阔。

3. 制度变迁对农村、农业公共管理人才加大需求

家庭承包责任制的实施符合农民意愿，激活了农村生产力，不仅使农村社会经济面貌发生历史性变化，也为整个国民经济改革和发展奠定了基础。家庭经营适应了自然再生产与经济再生产相结合的农业生产特性，有助于人类社会经济发展和自然生产过程有机协调。但是小规模家庭经营的局限性慢慢凸显，如何在农民家庭经营基础上通过农产品流通领域乃至农业生产领域的合作来降低单位产品成本、增强市场交易力量，依然是一个尚未得以解决的重大课题。面对激烈的市

场竞争，小规模农业家庭经营的局限性日益突出。为发挥优势、弥补劣势，农村产生了多种形式的农村社区合作组织和农村专业技术协会，从而也促进了规模化经营、土地流转制度、土地产权制度等相关制度的确立。因此，在家庭承包经营已成为中国农业基本经营制度情况下，农民组织化程度的高低将决定中国农业能否在激烈的国际竞争中继续生存与发展。这些农业经济方面的经营管理人才的需求将不断增加。

2014 年国务院公布了《关于进一步推进户籍制度改革的意见》，中国在实行了半个多世纪的"农业"和"非农业"二元户籍管理制度重大改革过程中，这个时期与以后很长一段时间该问题以及相关问题的解决需要农业经济管理学科培养的人才，包括耕地制度、就业服务、基本养老、基本医疗卫生、住房保障以及子女义务教育等各方面的问题解决需要该学科领域的人才。而且农村社会发展空间无限，发展潜力巨大，需求的人才倍增，农业经济管理学科培养的人才可以展示才能的领域扩大。

4. 高水平建设农业经济管理学科对该学科人才培养提出高质量要求

迄今为止，我国尚未形成独立完整，既吸收国外先进成果又充分展示中国人智慧的农业经济管理学科体系。虽然我国农业为解决世界上的农村贫困做出了巨大贡献，但是我国的农业经济学科对世界上农业经济管理学科发展的贡献甚微。所以，农业经济管理学科的科研和教育人才需求数量将增加，质量要求提高，学科建设水平与层次要求不断提升。

5. 相关研究成果与"三农"实践表明社会需求该学科人才在增加

农村产业结构的调整增加了农村经管人才的需求，有专家调查研究结果显示：92.5% 的村级干部认为随着农村产业结构的不断调整，对农村经管人才的需求量将不断增加。各地急需的农村经管人才已由过去单纯只需要村级管理干部扩大到农村企业经营人才、农村专业合作经济组织和协会带头人、村级管理干部、种植能手、养殖能手和加工能手，其比重分别为 77.5%、70%、50%、47.5%、45% 和 45%。需求层次主要集中在大专生、当地土专家以及本科生，其比重分别为 57.5%、45% 和 32.5%，同时，对高层次的人才——博士的需求也较大，其比重占到 20%（黄文清，2010）。

农村发展对农业经济管理学科不同层次人才的需求反映出"三农"问题解

决的实践对学科高素质人才的持续需求，同时也反映了"三农"实践越来越多地需求农业经济管理学科培养各层次学历的复合型、高素质人才，既需要具备扎实的理论功底，又具备现代科技、社会学等深厚的文化素养，还需要具备科学决策、开拓创新、沟通协调、政治鉴别、做群众工作等能力，以及具备对现实热点问题、地方党委政府的中心工作、各自的工作思路和对策有清晰的把握能力。

目前农业经济管理学科培养的人才仍然不能充分地满足农村产业结构调整、乡村振兴的人才需求。随着农村产业结构的调整和农村经管人才需求的变化，众多高校都在调整农业经济管理学科人才培养方案，但是从目前农业经济管理学科培养的人才来看，还远远满足不了农村产业结构调整和农村经济发展的需要，这表现为：人才总量满足不了"三农"发展实际的需要，人才层次与知识结构也满足不了社会经济发展实际的需要。同时，人才培养的类型也满足不了社会实际的需要。

（二）农业经济管理学科发展的趋势

进入 21 世纪后，农村城镇化、农产品市场化、学科发展国际化以及农村产业结构的不断调整和升级换代，这些"三农"发展的实践，以及农村经济的全面转轨和知识经济时代的迅速到来的事实，要求农业经济管理学科与之相适应，必须进行学科建设革新和学科发展的转型。

1. 学科间交叉融合是趋势之一

随着农业现代化、农村城镇化、农民市民化的"三农"实践发展趋势，出现的新矛盾、新问题和新形势不是农业经济管理学科理论知识能够解释与解决的，农业经济管理学科所研究的领域横向联合越来越多，需要多学科的支持。因而，农业经济管理学科与生态环境、机械、互联网、城市经济、社会保障、建设规划等学科的交叉融合成为必然要求（颜华，2009）。

现代农业发展目标由单一的追求产量目标转变为质量、数量和综合效益的协同发展目标，一方面，把经营规模较小的农户组合起来参与农业大市场竞争，另一方面，农业产业链条产前、产中和产后融合经营，形成全产业链经营模式。同时，农业经济发展逐渐由传统的生产农产品向工业加工、环保、旅游、休闲等产业拓展，这就要求农业经济管理学科与农业、工业、旅游等学科交叉融合，创新学科而建设、发展模式与体系。

在知识经济与信息经济时代，农业经济管理学科不但要将农业学科、经济学科、管理学科进行深入交叉融合，还要与密切相关学科，在知识、理论与内容上有交叉的学科，以及在形式上不相关的学科应当形成互补、交叉、融合、渗透，并与其他学科进行横向联合，形成能满足新时代经济社会发展新的学科领域。

2. 学科发展的国际化是趋势之二

任何一门课程、一个学科或一个机构的设置，其理论体系几乎各个国家都是相通的，因而一个学科建设与发展不能关起门来独创，农业经济管理学科建设与发展也具有国际化特征，而且将来会更具有国际化。纵观农业经济管理学科建设与发展的历史，无论农业经济管理课程的开设，还是农业经济管理专业设置，抑或是农业经济管理机构或部门的设立，无不与国际上其他国家该学科、课程、专业、院系发展有关。课程开设是 1914 年许璇教授回国后首先在北京大学开设；农业经济系是 1920 年卜凯先生（约翰·洛辛·卜凯）（John Lossing Buck）应康奈尔大学校友、金陵大学农林科主任芮思娄（J. H. Reisner）的邀请，到金陵大学创立中国第一个农业经济系，1921 年在金陵大学开始正规的四年制大学本科农业经济学教育，1936 年开始的研究生教育（钟甫宁，2017）。近些年来，该学科与该专业的人才引进更具有国际化，甚至一些大学新招聘的农业经济管理学科人才大部分具有国外留学或在国外有交流学习的经历。同时，在"三农"问题的解决、"三农"的发展都要与国际接轨，尤其农业发展要参与国际竞争。因此，在这样的历史发展过程与国际大背景下，农业经济管理学科建设具有国际化趋势。

3. 学科知识体系转型是趋势之三

农业经济管理向产业专业化、生产标准化、产品市场化、经营规模化、主体多元化、产业链三产融合模式转型，因此，农业经济发展需要多元化复合型人才。

农业经济管理学科的知识体系与理论体系离不开社会经济发展的趋势，随着经济转型，"三农"问题自身不断发生深刻的变化，在上述描述农业经济管理学科涉及的"三农"实践问题，不管体现在国家重大战略还是农业发展重大政策或制度，都在不同时期、不同背景下具有各自不同的热点问题或重点问题，因而随着时代的变迁、"三农"问题解决的侧重点，以及国家战略目标的变动，与

"三农"问题密切相关,并以服务"三农"为职责的农业经济管理学科内容也要相应发生变化,因此,农业经济管理学科的知识体系与理论体系需要转型。

4. 学科建设与经济建设结合是趋势之四

与上一个趋势相对应,农业经济管理学科建设要与社会经济建设相结合,这也是一个主要趋势。农业经济管理学科建设要符合农村社会经济发展的客观需要,我国是农业大国,"三农"问题又是我国要研究与解决的永久课题,目前"三农"问题中的难点较多,如为实现全国建成小康社会而精准扶贫问题、农民收入持续增加问题、农业综合生产能力提高问题、农业三产融合经营、农业产业链延长问题、农业科技创新问题、小农户与现代农业的衔接问题、土地问题、农村社会治理问题、农村人居环境改善问题、生态环境治理问题等。这些问题都是与"三农"相关的社会经济问题,因为关于"三农"课题研究的农业经济管理学科建设要与这些经济建设问题相结合才能达到最终的建设目的。

5. 学科建设与经济管理实践需求相统一是趋势之五

农业是国民经济发展的基础,农业经济发展与增长在一定程度上反映了国民经济的增长;农村发展水平、农村治理与美丽农村建设的成果在一定程度上反映了美丽中国的建设程度和水平;农村贫困人口的多少决定整个国家贫困人口的多少,并反映国家的富裕程度;农民生活水平的高低与幸福指数的大小一定程度反映一个国家收入分配的公平程度和幸福指数的大小。这些指标的高低决定着我国经济发展与社会发展水平的高低。为确保农业经济持续、健康和快速发展,农业经济管理学科建设要符合农业经济发展的需求,农业经济管理学科建设要为农业经济发展提供理论支撑,同时农业经济管理学科建设为社会经济建设与发展提供重要支撑。

所以,农业经济管理学科建设要从以下几方面进行:第一,农业经济管理学科建设与农业管理体制相统一,在市场经济改革大潮中,农业管理体制也随之不断改革,因而农业经济管理学科建设必将与农业管理体制相一致,否则学科建设、人才培养都无法服务于农业经济发展。第二,农业经济管理学科建设与农业管理人才需求相统一。农业管理水平主要体现在农业经济管理专业人才专业素养,因而农业经济管理学科、专业的人才培养目标一定要与"三农"的需求相一致。第三,农业经济管理学科建设与农业经济管理发展趋势相统一。农业经济管理发展呈现出现代管理理念。在传统农业逐渐转变为现代农业的过程中，农业管理体制也由计划经济管理转轨为市场经济的现代管理体制。而农业经济的现代管理理念，要真正渗透于农业经济管理学科建设中，即农业产业化中的产加销产业链的管理方式。第四，农业经济管理学科建设要与农业经济管理的信息化相一致。农业经济管理的信息化广泛应用要求农业经济管理学科建设的教学与科研注重信息化应用。而农业管理实现信息化，不仅便于收集、整理农业生产及农业科研方面的信息，而且可以为农业经济以及生产管理提供更好的服务，让农业科技得到不断的发展，实现农业经济的快速、持续性发展。第五，农业经济管理学科建设要与农业经营产业化实践需求相一致。农业经济管理不断向着产业化发展，除了可以加快农业产品的基础建设步伐，而且能够推动农业经济的发展。在农业经济管理中，可以通过与其他产业利益联结的形式，让产业化机制发挥其应有的效果，有效提升农产品质量。农业经济管理学科建设也顺应农业产业化的发展趋势。

第六章　国外学科建设经验与我国学科综合改革措施

本章内容包括两节，第一节简单介绍国外农业经济管理学科建设经验，第二节内容提出我国农业经济管理学科建设的综合改革措施。

第一节　国外农业经济管理学科建设经验

农业经济管理学科是一个古老的应用型学科，无论是发达国家还是发展中国家，农业经济管理学科都是随着农业经济发展的客观需求应运而生的，也必将随着农业经济的发展与社会的进步而不断发展和创新。本节内容主要选择日本的高校和美国的高校作为典型代表分析农业经济管理学科建设与发展的经验。日本的高校农业经济管理学科建设经验分析偏重于该学科本科教育的课程体系建设，美国的高校农业经济管理学科建设经验分析偏重于本科教育、研究生教育、机构设置与学术研究等综合性建设经验。

一、日本农业经济管理学科建设经验

本部分内容主要介绍日本农业经济管理学科建设、专业设置、课程开设等方面的经验。日本农业经济管理学科的发展也经历了不断改革的历史，本书以日本东京农业大学农业经济管理学科的建设为例分析日本该学科建设状况。

（一）日本东京农业大学农业经济管理学科简介

1. 日本东京农业大学学科划分

本书选择日本东京农业大学北海道分校农业经济管理学科建设进行分析，日本东京农业大学北海道分校共设置六大学部，分别为农学部、应用生物科学部、地域环境科学部、国际食料情报科学部、生物产业学部、短期大学部。

日本东京农业大学北海道分校的农业经济管理学科属于生物产业学部和国际食料情报学部两个学部的共建学科。

2. 农业经济管理学科属于两个学部的两个学科共建学科

在日本东京农业大学北海道分校，农业经济管理学科分属于两个学部的两个学科共建，农业经济管理学科既建设于国际情报学部的食料环境经济学科，又建设于生物产业学部的地域产业学科。

农业经济管理学科知识体系其中的一部分建设归属于国际食料情报学部食料环境经济学科。在国际食料情报学部设有国际农业开发学科、食料环境经济学科两个学科，农业经济管理学科建设于食料环境经济学科。

农业经济管理学科建设知识体系其中的另一部分归属于生物产业学部的地域产业学科，生物产业学部包含有生物生产学科、油门生物学科、食品香料学科和地域产业学科四个学科，农业经济管理学科建设于地域产业学科。

无论在哪一个学部的哪一个学科下培养农业经济管理学科相关专业人才，本科生课程设置中都包括综合教育科目模块和专门教育科目模块两大模块。下述内容分别介绍农业经济管理学科相关专业本科课程建设体系。

（二）农业经济管理学科隶属于国际食料情报学部建设

农业经济管理学科人才培养隶属于国际食料情报学部的食料环境经济学科，在这个学科中主要培养与农业经济管理学科相关的人才，其培养方案中涉及的知识体系包括综合教育科目模块、学科专门教育科目模块两大模块课程。

1. 食料环境经济学科综合教育科目模块

农业经济管理学科课程体系中部分内容设置在食料环境经济学科中，食料环境经济学科综合教育科目模块课程设置大部分集中在一年级，包括全学共通课程和学部共通课程两大类课程。

（1）全学共通课程。

全学共通课程作为综合教育科目模块的一部分课程，是该学科大学本科生开设的共通课程，包括一年级前期（上学期）开设导入科目、课题类科目、英语、运动类科目、就职科目、演习科目。

导入科目包括新生教育专题和情报基础。课题类科目包括国际研究、食料生产与自然环境、生物工程和生活、环境与人类、世界农业、寒冷地带生物产业（区域农业产业）。

（2）学部共通课程。

学部共通课程包括人类关系科目、社会关系科目（包括法学入门和政治结构）、自然关系科目（包括生物和化学）、初修外国语关系科目（包括西班牙语、法语、中文、巴西/葡萄牙语、印度尼西亚语、泰语、韩语）、媒体教育科目（包括基础数学、基础社会和文章表现）。一年级后期（下学期）的课程设置基本上都是前期开设课程的第二部分内容。二年级与三年级课程中包括全学共通中的语言类课程的第三部分和第四部分内容，并增加了学部共通课程农业科学历史等。

2. 食料环境经济学科专门教育科目模块

专门教育科目模块的课程设置包括学部专门课程和学科专门课程，这两类课程大多数开设在二年级和三年级，毕业论文在四年级全年完成。

（1）学部专门课程。

学部专门课程包括专门共通科目、创生型科目、学际领域科目和专门基础科目（见表6-1）。学部专门课程开设从本科一年级到本科三年级前期。

表6-1　2014年日本东京农业大学食料环境经济学部专门教育科目

科目	一年级		二年级		三年级	
	前期	后期	前期	后期	前期	后期
专门共通科目	经营学	植物与双语、簿记/会计	英语（五）、畜产学概论、海外农业研修	英语（六）经济经营数学	—	—
创生型科目	山村地域再生和活性化	—	—	—	—	—

续表

科目	一年级		二年级		三年级	
	前期	后期	前期	后期	前期	后期
学际领域科目	海外农业事情论	—	—	—	食农教育论	—
专门基础科目	基础演习（一）微观经济学（一）	前期开设课程的第二部分	宏观经济学等课程	公共经济学等课程	数据解析等课程	—

资料来源：日本东京农业大学 2014 年培养方案整理。

专门共通科目（见表 6-1）在一年级前期开设了经营学，在一年级后期开设了植物和双语课程与簿记（会计）课程，在二年级前期开设了英语（五）、畜产学概论和海外农业研修课程，二年级后期开设了英语（六）和经济经营数学；创生型科目在一年级前期开设了山村地域再生与活性化课程；学际领域科目在一年级前期开设了海外农业事情论课程，在三年级前期开设了食农教育论课程。

专门基础科目在一年级前期开设了基础演习（一）和微观经济学（一）课程，一年级后期开设了基础演习（二）和微观经济学（二）课程。在二年级前期开设了宏观经济学、民法（一）和行政学课程，二年级后期开设了领域研修（一）、现代社会论、公共经济学、政治经济学、民法（二）课程。在三年级前期开设了社会调查和数据解析、商法和行政法课程。专门基础科目的课程中包含了农业经济管理学科的经济基础理论课程。

（2）学科专门课程。

农业经济管理学科大部分专业课程设置于学科专门课程体系中，包括专门学科科目和综合化科目两大类课程。

1）专门学科科目。

专门学科科目包括食料经济学科、环境经济学科、都市和农村经济学科、国际农业和贸易经济学科及各学科共通科目，食料经济学科、环境经济学科、都市和农村经济学科、国际农业和贸易经济学科四个学科课程集中于本科二年级与三年级（见表 6-2），各学科共同科目从本科一年级到本科四年级都开设了相关课程。

表6-2　食料环境经济学科专门教育科目专门学科科目（不含各学科共通科目）

学科	二年级		三年级	
	前期	后期	前期	后期
食料经济学科	食料流通论	食品市场调查论	食品产业和农业综合企业	食料政策论
环境经济学科	—	环境政策论、环境地域社会学	环境经济评价	环境会计论
都市和农村经济学科	农村社会学	都市经济论	—	地域计划论、农村政策论
国际农业和贸易经济学科	农业贸易论、比较经济论	—	—	欧美、亚洲农业经济论

资料来源：日本东京农业大学2014年培养方案整理。

专门学科科目课程：表6-2显示专门学科科目课程包括食料经济学科、环境经济学科、都市和农村经济学科、国际农业和贸易经济学科四个学科的课程，专门学科科目课程都在二年级和三年级开设。

食料经济学科在二年级前期开设了食料流通论，后期开设了食品市场调查论；在三年级前期开设了食品产业和农业综合企业课程，在后期开设了食料政策论课程。

环境经济学科在二年级后期开设了环境政策论和环境地域社会学课程；在三年级前期开设了环境经济评价课程，在后期开设了环境会计论课程。

都市和农村经济学科在二年级前期开设了农村社会学课程，后期开设了都市经济论课程；在三年级后期开设了地域计划论和农村政策论课程。

国际农业和贸易经济学科在二年级前期开设了农业贸易论和比较经济论课程。在三年级后期开设了欧美农业经济论和亚洲农业经济论课程。

各学科共通科目：各学科共通科目在一年级前期开设了日本农业论和经济地理学课程，后期开设了农村经济论、全球化经济论和经济史课程（未列入表中）。

在二年级前期开设了食料经济学、环境经济学、农业经营学、农业史、农业法和特别演习（一）课程，后期开设了食生活史、食育与食生活论、食料资源经济论和特别演习（二）课程。

在三年级前期开设了食料环境经济学特别讲义、回收经济论、农村金融论、食品关联技术、领域研修（二）、特别演习（三）课程，在后期开设了农业团体与协同组合、外食产业论、食品安全风险论、环境技术和评定、国际金融论、食品关系法、环境法、国际取引法和贸易实务、特别演习（四）课程。

2）综合化科目。

综合化科目主要包括食料环境经济学实习与毕业论文写作教育。食料环境经济学实习从二年级开始到三年级结束，每学期安排一次实习。毕业论文从四年级开始共两个学期完成，四年级前期为毕业论文演习（一），后期为毕业论文演习（二）。

（三）农业经济管理学科隶属于生物产业学部建设

日本东京农业大学在生物产业学部设有生物生产学科、油门生物学科、食品香料学科和地域产业学科。农业经济管理学科部分内容设置在地域产业学科中。在这些学科本科生课程设置也包括综合教育科目模块和专门教育科目模块两大模块。

1. 地域产业学科综合教育科目模块

地域产业学科的综合教育科目模块的课程设置大部分集中在一年级，包括全学共通课程和学部共通课程。

（1）全学共通课程。

地域产业学科全学共通课程是该学科大学本科生开设的共通课程，该模块的课程开设与食料环境经济学科的全学共同学科课程完全一样，包括一年级前期（上学期）开设导入科目、课题类科目、英语、运动类科目、就职科目、演习科目。

导入科目包括新生教育专题和情报基础。课题类科目包括国际研究、食料生产与自然环境、生物工程和生活、环境与人类、世界的农业、寒冷地带生物产业。

（2）学部共通课程。

地域产业学科学部共通课程模块与食料环境经济学科学部共通课程模块的科目设置基本相同，但是在每一科目下的课程设置有一部分不相同。

该模块科目包括人类关系科目（包括交流学和心理学、宗教与人间、伦理学、文学与艺术）、社会关系科目（包括日本国宪法、地理学、现代社会诸问题、国际关系论和生物产业史）、自然关系科目（包括生物、化学、数学、地学、统计学和物理学，比食料环境经济学科学部的自然关系学科多开设了数学、地学、统计学和物理学四门课程）、初修外国语关系科目（包括中国语和俄语，比食料环境经济学科学部的初修外国语关系科目少开设了西班牙语、法语、巴西/葡萄牙语、印度尼西亚语、泰语、韩语等语言课程）、媒体教育科目（包括基础生物、基础化学、基础数学和文章表现）。

一年级后期（下学期）的课程设置基本上都是前期开设课程的第二部分内容。二年级与三年级继续开设全学共通课程中语言类课程的第三和第四部分内容。

2. 地域产业学科专门教育科目模块

专门教育科目模块的课程设置包括学部专门课程和学科专门课程，这两类课程大多数开设在二年级和三年级，毕业论文在四年级全年完成。

（1）学部专门课程。

学部专门课程包括专门共通科目、创生型科目、学际领域科目，如表6-3所示。

表6-3　日本东京农业大学地域经营学部专门教育科目

科目	一年级		二年级		三年级	
	前期	后期	前期	后期	前期	后期
专门共通科目	生物产业学概论、食品科学概论等	油门学概论	运动科学和生物工程学概论	—	—	—
创生型科目	—	现代环境论课程	鄂霍次克地域学	—	—	—
学际领域科目	—	现代环境论	食品开发论	—	产业气象学农水产业经营经济论（一）	农水产业经营经济论（二）

资料来源：日本东京农业大学2014年培养方案整理。

学部专门课程中专门共通科目在一年级前期开设了生物产业体验实习、生物产业学概论、食品科学概论和现代社会论课程，一年级后期开设了油门学概论课程，在二年级前期开设了运动科学和生物工程学概论；创生型科目在一年级后期开设了现代环境论课程，二年级前期开设了鄂霍次克地域学课程（区域概况）；学际领域科目在一年级后期开设了现代环境论课程，二年级前期开设了食品开发论，在三年级前期开设了产业气象学和农水产业经营经济论（一）课程，三年级后期开设了农水产业经营经济论（二）课程。

（2）学科专门课程。

学科专门课程包括专门基础科目、专门学科科目和综合化科目三大类课程。

1）专门基础科目。

地域经营学科专门基础科目在一年级前期开设了生物资源概论课程，一年级后期开设了生物资源各论课程。在二年级前期开设了分子生物学、生物工程学和土壤肥科学课程，二年级后期开设了计量生物学、细胞生物学、生态学课程。在三年级前期开设了实验动物学课程，后期开设了动物生理学课程（见表6-4）。

表6-4　地域经营学科专门基础科目（不含综合化科目）

一年级		二年级		三年级	
前期	后期	前期	后期	前期	后期
生物资源概论	生物资源各论	分子生物学、生物工程学和土壤肥科学	计量生物学、细胞生物学、生态学	实验动物学	动物生理学

资料来源：日本东京农业大学2014年培养方案整理。

2）专门学科科目。

地域经营学科专门学科科目包括植物生产分野、动物生产分野和生物资源保全分野（见表6-5）。植物生产分野、动物生产分野和生物资源保全分野的课程集中在二年级和三年级。植物生产分野在二年级前期开设了作物学、植物分子生理学课程；在三年级前期开设了植物生产学（一）、园艺学和植物病理学课程，三年级后期开设了植物生产学（二）课程。

表6-5　地域经营学科专门学科科目

分野	二年级		三年级	
	前期	后期	前期	后期
植物生产分野	作物学、植物分子生理学		植物生产学（一）、园艺学和植物病理学	植物生产学（二）
动物生产分野	动物生产管理学	动物生殖工学	动物生产学（一）、动物生物工程、动物营养学	动物生产学（二）
生物资源保全分野	动物遗传学	森林环境科学	生物资源保全学（一）和育林学	生物资源保全学（二）和野生动物行动与保全

资料来源：日本东京农业大学2014年培养方案整理。

动物生产分野在二年级前期开设了动物生产管理学课程，后期开设了动物生殖工学课程；在三年级前期开设了动物生产学（一）、动物生物工程、动物营养学课程，三年级后期开设了动物生产学（二）课程。

生物资源保全分野在二年级前期开设了动物遗传学课程，二年级后期开设了森林环境科学课程；在三年级前期开设了生物资源保全学（一）和育林学课程，三年级后期开设了生物资源保全学（二）和野生动物行动与保全课程。

3）综合化科目。

综合化科目主要包括生物产业学的实验、实习和演习与毕业论文写作教育。地域产业学科一年级前期和后期开设了生物生产学实验（基础篇）、生物生产学实习（一）、基础生物、化学实验（一）；二年级前期与后期开设了生物生产学实验（应用篇）、生物生产学实习（二）、基础生物、化学实验（二）；三年级前期开设了生物生产学特别实验和实习、生物生产学演习（一）课程，后期安排了生物生产学演习（二）课程。毕业论文从四年级开始共两个学期完成。

综上所述，以日本东京农业大学为代表的日本高校农业经济管理学科建设也处于转型时期，将原来的农业经济管理学科课程体系的一部分内容设置并归属于国际食料情报学部，建设于食料环境经济学科中；将农业经济管理学科课程体系的另一部分内容设置并归属于生物产业学部，建设于地域产业学科中。

总体来看，农业经济管理学科课程体系的大部分内容建设于国际情报学部的食料环境经济学科，农业经济管理学科的少部分建设于生物产业学部的地域产业学科。在食料环境经济学科人才培养方案中，农业经济管理学科建设偏重于经济、经营、管理等方面的课程更多一些，体现在食料环境经济学科培养方案的食品科学、经济学、食品加工、食品销售等，这些专业知识与理论更类似于我国农业经济管理学科知识体系中现代农业、农业产业化经营、一二三产业融合经营等研究方向。地域产业学科人才培养方案中，农业经济管理学科建设偏重于农业资源、农业技术、区域特征方面的课程更多，体现在地域产业学科培养方案的区域经济发展、农业资源开发利用等专业知识更类似于农业经济的区域发展与资源开发利用研究方向。不管将农业经济管理学科建设在哪一个学部的哪一个学科下，都是培养农业经济管理学科相关专业方面的人才。

二、美国农业经济管理学科建设经验

美国农业经济管理学科建设经验既包括学科学术研究对象与研究方向革新的经验，也包括农业经济管理专业设置、院校机构调整经验，还有课程开设经验。本部分内容介绍美国的农业经济管理学科建设经验，分析美国该学科的学术研究与高校人才培养和学位授予的转型与变迁。

（一）美国高校农业经济管理学科院系与专业设置特征

美国大多数高等院校在农学院建设农业经济管理学科，并开设农业经济管理类专业培养该学科人才。农业经济管理学科建设呈现以下特征：

1. 各地区农业经济管理学科建设体现产业特色与优势

美国农业经济管理学科建设的主要特征是在研究农产品问题过程中，促进了农业经济这一新学科的发展（安希伋，1983），之后在政府的关注下，农业经济管理学科逐渐得到快速发展。美国的农业教育以每个州的农学院为主，农业经济管理学科一般建设在各个州立大学设立的与农业经济问题相关的农学院，不仅反映各州的区域特色，还将农业经济管理学科建设项目包含在专业人才教育体系中。

在美国各地区高校农学院的学科由农业教育、农业经济、农学、食品科学、动物科学、植物科学和森林科学等知识构成，建设农业经济管理学科的农学院所处区域产业特色差异非常明显。设置的州立大学农学院所处的区域是玉米产业集中区，农业学科与农业经济管理学科建设涉及的学术研究、教育教学体系构建重点就集中于区域玉米产业产、加、销等产业链相关知识与相关问题；高校所处地区为养殖业集聚区，农业经济管理学科建设涉及的学术研究、教育教学体系构建重点就集中于畜牧业相关养殖、加工、运输、冷藏等问题；高校所处区域为蔬菜、瓜果等园艺作物产区，农业经济管理学科建设涉及的学术研究、教育教学体系构建重点就集中于蔬菜、瓜果等生产、加工、冷藏、运输和销售等问题的知识与理论。

2. 农业经济管理学科建设区域布局特征明显

在美国各个地区的州立大学农学院，把建设重点放在该地区农业生产和产品加工技术（金龙勋，2014）的实践需求方面，上述所描述的产业优势依托于区域特色。

在不同区域农业经济管理学科的产业与产品布局特征较突出，各地区州立大学农学院的农业经济管理学科建设充分体现出区域的产业与产品布局优势与特色。美国南部地区的得克萨斯州等地区畜牧产业和果蔬产业较具优势，农业经济管理学科等相关学科建设的内容体现出畜牧产业和园艺产业的理论与知识较多；美国北部地区林业较为发达，农业经济管理学科等相关学科建设的内容重视林业产业的理论与知识；美国东部沿海地区由于渔业产业较为发达，农业经济管理学科等相关学科建设的重点内容包括渔业产品的理论与知识较多。美国农业经济管理学科与相关学科建设体现出不同区域的农业产业布局特征较为明显。

3. 高校人才培养与区域专业人才培养紧密结合

美国高校农业经济管理学科的人才培养更加注重实践，一般高校都与所处区域专业人才社会培训结合较为紧密（金龙勋，2014）。

基于美国农业经济管理学科建设具有上述两个特征，美国高校的农业经济管理学科将人才培养与区域特色产业结合较为紧密，各州高校农学院的农业经济管理学科人才培养不仅仅局限于在校学生的教育教学，而是将农业经济管理学科相关专业的在校本科生培养与社会专业技术人才培养相结合，即在培养农业经济管理学科相关专业全日制本科生的同时，为高校所在区域与周边地区培养农业经济管理学科相关专业技术人才做出较大贡献。

同时，与人才培养目标相适应，美国各地州立大学农学院农业经济管理学科人才培养方案中，课程体系涵盖了学校、学院和学科所在院系设置的各类共通课程、学科基础课程和学科专业课程，以及高校所在区域社会专业技术人才应该掌握的专业知识与专业技能的相关课程。

4. 农业经济管理学科人才培养重视继续教育

美国政府重视人才培养的社会实践，美国各个地区政府对农业经济管理学科人才的继续教育较为重视，一方面，通过出台相关法律来规范农业经济管理学科专业人才培训；另一方面，通过经费支持农业经济管理学科社会专业技术人才培养，为了培养农业生产技术和营销技术人才，在美国的农业法中规定每年投资专款进行专业技术人才培训。此外，在美国各州和各地依据各农业地区和农民的特殊需求建有社区大学，设有主要指导农民生产和销售的农业推广处，这些机构与人员专门负责为当地农业经营者提供服务与技能培训，农业推广处的人员享受和大学教职员工相同的经济收入和职称身份待遇。

（二）美国的农业经济管理学科学术研究

在美国建国初期，美国联邦政府制定法律规定各个州设立州立大学农学院，为发展地方农业提供教学与科研服务，遵照法律规定在这些大学有专门从事农业生产和农业经济管理相关学术研究的，农业经济管理学科学术研究特点如下：

1. 由农业经济主体的研究逐渐转变为相关问题的综合性研究

美国农业经济管理学科研究一直以来很重视农业经济主体的研究，随着农业经济发展的领域扩展，美国的农业经济管理学科不仅局限于农业的研究，开始向资源环境、应用经济、商学、农业关联产业、农村社会及消费者（周应恒，2009）等方面的相关研究转变。在农业经济管理学科发展过程中，随着美国经济的高速发展，国家整体经济实力提高，经济发展实践、经济学理论和经济研究逐渐位居世界之首，农业经济管理学科作为指导美国农场生产、经营管理的相关学科也随着时代变迁、经济发展，逐渐扩展了研究领域与研究内容。

美国部分高校将农业经济管理学科的学术研究内容逐渐向农业企业管理、食品管理、资源与环境等领域扩展，既保留传统农业经济管理学科的内在特点，又体现了农业经济管理学科适应时代变化，不断求新求变的包容性。教学研究内容中农业经济政策、农场经营与管理、农村经济发展等仍是研究重点（周应恒，2009）。在农业经济管理学科的学术研究方面，农业经济政策、农场经营管理、农村发展等农业经济传统领域的研究仍然在继续，但是与过去相比，其研究对象更加国际化。

2. 扩大了农业经济管理学科的研究对象

在美国的一些高校农业经济管理学科设置转变为偏重于应用经济，其研究对象随之扩大，如美国康奈尔大学的应用经济管理系设有应用经济管理本科专业，包括商学、食品产业管理、涉农企业管理、农场管理与金融学、环境与资源经济学、农业与应用经济学6个研究方向，还设有农业经济学的硕士研究生与博士研究生招生专业。美国米尼苏达大学该学科开设有农业与食品企业管理、应用经济学两个本科专业，以及农业与应用经济学的硕士研究生与博士研究生招生专业。维斯康新大学、佐治亚大学、克莱姆森大学、得克萨斯理工大学等大学该学科开设涉农企业管理、农业与应用经济学两个本科专业，设农业与应用经济学的硕士研究生与博士研究生招生专业，并招收 MBA 硕士（与商学院合办）（周应恒，2009）。这使得农业经济学的研究对象扩大了。

美国的高等教育从 1989 年到 2010 年，本科毕业生数量增长了 60% 左右，硕士毕业生数量增长了约 1 倍，博士毕业生数量增长超过 3 倍，而在这期间农业经济管理学科也遇到经济管理类其他学科的冲击，农业经济管理学科的本科毕业生数量有所减少，减少了 12.5%。但是，农业经济学专业中涉农企业管理及相关方向的本科毕业生数量从 1989 年到 2010 年的 20 年间却增长了 87.5%，增速高于总体本科毕业生数量的扩张速度（于晓华，2015）。同时，对于农业经济问题的研究增加了食品经济与农业环境经济研究。

3. 学科越来越注重食品加工产业的深入研究

随着社会经济的发展，农业经济管理学科中农产品附加值增长逐渐从农业生产环节转移到食品加工环节，食品加工业规模不断扩大，食品产业人才需求日益增长。如 2015 年美国食品加工、销售总值占全国 GDP 的 18%，其就业人口占总就业人口的 20%（崔晓琳，2016），这也正是美国食品管理学科迅速发展的主要因素。美国大部分农业院校都设立了食品管理专业，部分农业院校还实现了农业经济管理系与商学院的合作，共同致力于对食品行业人才的培养。部分大学的商学院与农学院共同培养农业产业与食品加工产业的工商管理硕士。

在农业经济管理学科的科学研究方面，围绕着食品加工与营销产业的相关研究发展较快，主要包括对农业产业链上的食品产业相关环节的研究，如食品加工、农产品市场营销、涉农企业管理等企业管理层次的研究。部分农业院校对食品产业链、食品安全管理进行了深入研究，取得了丰硕的研究成果。

4. 研究重点更强调资源与环境问题

资源与环境问题已成为世界各国普遍关注的重点话题，也逐渐成为农业经济管理学科的一个新的研究重点。美国农业经济管理学科从传统农业经济学拓展到资源与环境经济学、农村社区管理等（陈风波，2013）。美国的农业院校普遍设立了资源与环境经济的硕士、博士点，设置资源与环境经济院系数量逐年增多，其数量甚至已经接近于农业经济管理院系设置数量。这些院系设置与专业名称的变更充分说明，随着农业经济的不断发展，农业经济持续发展已经受到资源与环境的约束，促使农业经济管理学科及其相关学科专家学者对资源与环境问题的重视，因而也成为农业经济管理学科专业建设与科学研究的重要方向。

美国各个高校自然资源与环境经济学成为农业经济学科的重要领域（周应恒，2009）。作为农业经济管理学科的重要研究方向的高校逐渐增加，也有部分高校增加了该方向的相关课程。在研究层面，资源与环境经济学研究已经成为农业经济学科极为重要的领域。从农业经济学科博士点设置上看，开设资源与环境经济学方向的院系数量几乎与开设农业经济的院系相当。这表明资源约束对农业生产、社会发展的限制已经在相当程度上阻碍了社会进步，引起学术界的广泛关注。

（三）美国农业经济管理学科相关专业归属

各个国家不同高校的农业经济管理学科的相关专业归属和名称各有区别。有的地区与学校将农业经济管理学科归属于经济学学科门类，有的地区与高校将农业经济管理学科归属于管理学学科门类。美国高校农业经济管理学科也具有不同分类标准，该学科的归属与名称各异。

1. 农业经济管理学科所归属的学科群不同

美国农业产业变迁、就业市场变动和产业外部环境变化是导致美国农业经济学科变迁的根本原因（陈风波，2013）。在各个高校原来的农业经济专业名称也随着不断进行更改。美国的学科专业目录设置将学科专业分为学科群、学科和专业三个级别，学科群共有 38 个，下设的学科类似我国的一级学科，学科下设的专业类似我国的二级学科。美国高校设置的农业经济管理学科的相关专业名称并不完全相同，所以研究方向也各有侧重，农业经济与管理作为一级学科设置于农学与农业经营学科群，农业经济与管理学科（一级学科）下设置了农业、农业经济与经营、农业经济学、农场和牧场管理、农业供应销售、农业经济技术、农业经济与管理等专业。

2. 各个高校的农业经济管理学科建设专业名称有所不同

美国农业经济学科建设从传统农业经济学逐渐进行领域的扩展并调整名称，下面参考部分专家学者对美国农业经济学科发展过程专业名称变更进行简单梳理。

表 6-6　美国高校农业经济管理学科相关名称

数量排名	学科名称与学校数量
1	农业经济（27 所高校采用该名称）
2	农学（13 所高校采用该名称）
3	农业与资源经济（10 所高校采用该名称）
4	农业经济与农村社会（6 所高校采用该名称）
5	农业经济管理（3 所高校采用该名称）、农业与自然资源（3 所高校采用该名称）
6	食品与资源经济（2 所高校采用）、农业与应用经济（2 所高校采用）、农学、园艺和农业经济（2 所高校采用）、农业科学（2 所高校采用该名称）
7（分别有 1 所高校采用的名称）	农村经济、农业经济与农场管理、涉农企业管理与农业经济、资源经济、资源经济与开发、资源经济与政策、资源管理、自然资源与环境研究、农业经营管理、应用经济、农业经济与经营、农业经营、农业管理、农业经济与营销、农业资源与管理经济

资料来源：金龙勋等. 美国农业经济学研究特点及对我国的启示［J］. 延边大学农学学报，2014，36（1）.

美国的农业经济管理学科建设的本科专业名称在各个高校有所不同，从农业经济管理学科相关专业设置的名称来看，美国各个高校中对农业经济管理学科相关专业命名不同，而且多达25种名称（不完全统计）（见表6－6），其中农业经济管理学科招收本科专业的名称被命名为农业经济的高校有27所，占开设该学科相关专业高校数量的31.76%，农业经济管理学科招收本科专业的名称被命名为农业经济管理的高校有3所，其他名称接近于农业经济或农业经济管理，这充分说明在美国各大高校虽然对农业经济管理学科招收本科生的专业命名不同，但是大多数学校农业经济管理学科设置农业经济专业名称的认可度较高，这意味着最初该学科的内涵与特征不会因为专业名称的变化而改变。

3. 农业经济管理学科所设置课程内容的扩展

美国部分高校农业经济管理学科保留农业经济的专业名称，但是课程内容拓展并增加了农业企业、农产品贸易、农业产业链、资源与环境等课程与方向。如阿肯色大学、路易斯安那州立大学、曼尼托巴大学扩展了农业产业关联课程与研究方向；如奥尔本大学、爱荷达大学拓展了乡村社会的课程与研究方向；如新墨西哥州大学、密苏里西北大学拓展了农产品市场与贸易课程与研究方向（周应恒，2009）。

有些高校将农业资源与环境的相关课程与方向纳入农业经济管理学科相关专业课程教学内容中，如亚利桑那大学、加利福尼亚大学伯克利分校、加利福尼亚大学戴维斯分校、科罗拉多州立大学、康涅狄格大学等。有些高校将农业产业链条逐渐延伸、农业生产要素投入及农业加工、营销等与农业相关联的产业纳入农业经济管理学科相关专业知识体系，如加利福尼亚州立艺术学院、休斯敦州立大学、南伊利诺斯大学、田纳西技术学院英哥伦比亚大学。还有一些高校将食品经济研究纳入知识体系，如加利福尼亚州立艺术学院、特拉华大学、佛罗里达大学等，其中佛罗里达大学将农业经济系直接改名为食品与资源经济学系。

4. 完善了农业经济管理学科的课程体系

国外有许多高校根据社会需求与学科发展的需要，不但改变了学科名称，调整了学科研究方向，而且也在教学内容方面做了更新，体现为课程体系的改革。尤其发达国家在农业污染控制、资源环境保护等方面已经取得了相当好的效果，逐步在农业经济管理学科中强调对资源环境保护的关注和深入研究（崔晓琳，2016），如美国在农业经济学科名称前加上资源、食品、农企、环境等词，因而课程设置也随之发生了变化。

如加州大学戴维斯分校本科课程设置中经济学基础理论课程较多的同时，增加了营销管理和投资、金融、企业理论等实用型课程设置（见表6－7）。

表6－7 农业经济管理学科本科生课程体系（以加州大学戴维斯分校培养方案为例）

学期	开设课程名称
（一）秋季学期	企业法、环境经济学、中级微观经济学（生产和消费理论）、中级微观经济学（市场和福利经济学）、企业的财务管理、农业经济学定量分析、企业组织基础、个人理财、企业的政府规则、经济开发、农业劳动力、企业决策的数量分析、生产管理分析
（二）冬季学期	企业法、投资、中级微观经济学（生产和消费理论）、中级微观经济学（市场和福利经济学）、企业的财务管理、农业经济学定量分析、农业与农村资源评价、企业的政府规则、国际商品与资源市场、资源和环境政策分析、农业政策、企业决策的数量分析、农业市场、生产管理分析、营销管理
（三）春季学期	企业法、期货市场、中级微观经济学（生产和消费理论）、中级微观经济学（市场和福利经济学）、企业的财务管理、农业经济学定量分析、房地产经济学、企业组织基础、个人理财、经济开发、企业决策的数量分析、农业可持续发展、自然资源经济学、营销管理
（四）夏季学期	投资、中级微观经济学（生产和消费理论）、中级微观经济学（市场和福利经济学）、企业的财务管理、农业经济学定量分析、企业组织基础、个人理财、企业决策的数量分析、营销管理

资料来源：金龙勋等. 美国农业经济学研究特点及对我国的启示 [J]. 延边大学农学学报, 2014, 36 (1).

农业经济管理学本科生课程体系体现的特征为：首先，该学科重视基础理论课程，在本科生课程体系中，四个学期都开设了中级微观经济学课程；其次，对其农业企业的相关课程较重视，如在四个学期都开设了企业财务管理、企业决策的数量分析课程，在三个学期中都开设了企业组织基础，在两个学期开设了企业的政府规则；再次，重视农业经营的计量分析课程，如在四个学期都开设了农业经济学定量分析课程；最后，对农业资源与环境相关内容的课程较重视，如开设了农业与农村资源评价、国际商品与资源市场、资源和环境政策分析、农业可持续发展、自然资源经济学等与环境、资源相关的课程。

同时，加州大学戴维斯分校农业经济管理学科研究生课程设置体现出类似于本科生课程设置特征，具体课程设置如表6-8所示，研究生课程以高级经济理论、基础科目与计量经济方法为主，与经济学科共同开设了各种课程，其中，以营销管理、环境与资源经济学相关的课程居多。

表6-8 农业经济管理学科研究生的课程体系

学期	开设课程名称
（一） 秋季学期	应用研究方法入门、微观经济理论、微观发展理论与方法（Ⅰ）、应用研究方法入门、横截序列计量经济学、农产品供求、应用计量经济学、环境经济学、国际农业贸易与政策、农产品市场、微观经济学分析（Ⅰ）
（二） 冬季学期	微观经济学分析（Ⅱ）、微观经济理论、发展经济学、开放的宏观经济发展、农业与资源经济学论题、经济应用上动态最优化技术、时间序列计量经济学、线性规划法应用、计量经济学方法、微观经济学应用（Ⅰ）
（三） 春季学期	微观经济理论、微观发展理论与方法（Ⅱ）、计量经济学方法、微观经济学应用（Ⅱ）、农业政策、时间序列计量经济学论题、横截序列计量经济学论题、计量经济学基础、环境与经济发展、需求和市场分析、资源与环境政策的经济分析、自然资源经济学、经济应用上最优化技术、加利福尼亚农业和资源的分析

资料来源：金龙勋等. 美国农业经济学研究特点及对我国的启示 [J]. 延边大学农学学报，2014，36（1）.

比较农业经济管理学科本科生与研究生的核心课程可知，经济学基础理论、计量经济学方法、资源与环境经济学、农产品市场与贸易、企业决策与管理等课程是核心课程，这些课程在几个学期开设，学习时间较长。

（四）学科发展与专业建设经验总结

上述分析结论说明农业经济管理学科是应用型较强的学科，所以，其学科发展导向与专业建设内容要适应社会经济发展的需求，甚至要与世界经济发展趋势与国际农业经济管理学科发展接轨。

1. 农业经济管理学科与专业的范围大小有所不同

在美国高校农业经济管理学科所涵盖的范围较大，所包含的相关专业设置较多，为了让学生具有可选择性，各高校农业经济管理学科所设置的专业数量较多，学生选择该学科所学习专业的选择机会增加。

20世纪80年代前，美国的大部分高校把许多学科整合成学部，如密苏立大学把以前农学院的16个学科整合成环境、植物生产和动物生产3个学部（金龙勋等，2014）。这种做法类似于上述分析的日本东京农业大学，将相关联的学科合并为学部，各个学部涵盖两个以上的学科，各个学科又可以设置两个以上专业，各学部之间可以设立部门间的相关项目与课程，有部分学科是几个学部共建学科。

2. 学科发展与专业建设适应社会经济发展变化的需求

如美国农业经济管理学科的内涵随着最初的农场农业生产发展到农业经济管理到现在逐渐扩大的涉农产业、资源环境、食品消费等问题的关注而变化，即一个学科发展随社会经济发展大环境不断变化的过程。农业已经不仅包含农业的生产过程，还包含农业产前的准备及产后加工、处理、流通。农业的内涵发生变化，其相关学科的研究对象发生变化，学科如果想取得发展，也必须随着外界客观经济环境的变化而扩展研究领域。日本、美国农业经济管理学科的发展都经历了由传统的农业生产向农产品加工、食品消费、资源环境等领域的扩展，研究范围不断扩大，研究对象更加丰富，每一次转变都顺应了时代变化，适应了经济社会发展的需求，为农业发展培养了众多高素质的人才。

农业经济管理学科具有很强的实践性，发达国家如北美农业经济管理学科发展经验启示：农业经济管理学科发展要与社会经济发展与变化相适应，对农业经济、农业经济管理问题的探究离不开具体的"三农"社会实践。

国外农业经济管理学科相关专业的称谓在不断进行转化，由农业经济管理学科扩展而形成的新学科仍然包含农业经济学科的含义，但是研究对象更加广泛了。以上分析农业经济管理学科在不同国家专业目录的变动，以及国外农业经济管理学科研究对象的变化，都说明学术界、政府、高校与社会对农业经济管理学科的性质和任务的认识处在一个不断深化的过程中，我国农业经济管理学科也应当与时俱进，随着社会经济的发展不断进行变革。

第二节 农业经济管理学科综合改革措施

农业经济管理学科发展百余年来在各方面都得到了长足发展，但是随着我国社会经济不断发展，世界政治经济格局的复杂变化，对农业经济管理学科建设提出更高的要求，我国的农业经济管理学科发展与相关专业建设需要不断改进。

一、农业经济管理学科改革对策

中国农业经济管理学科基于"三农"问题的不断变化、政策的不断演进、学术研究水平的不断提升、研究领域的不断扩宽、教育与教学制度的不断变迁、教育教学研究的不断改革，百余年来学科建设与发展、人才培养的经验可以借鉴，所存在的问题有待于解决。

（一）农业经济管理学科建设对策

基于农业经济管理学科建设存在的问题与挑战，以及发展优势与机遇，借鉴国外该学科发展经验，为了适应中国农业经济管理学科发展的需要、解决"三农"问题的客观需求，应采取以下主要对策：

1. 依据社会需求拓展农业经济管理学科新领域

随着经济全球化、信息化时代的到来，目前社会对人才需求的知识体系发生了新变化，知识面不断拓宽，涉及的领域不断扩展。为了适应社会经济发展对农业经济管理学科人才培养的综合素质、基础理论、专业知识、学历层次的高标准、严要求，应当通过不断扩宽社会经济建设过程中与农业经济管理学科相关的领域，拓展农业经济管理学科涉及的相关知识面，便于学科建设与发展实现新突破。

同时，农业经济管理学科的相关专业建设要与时俱进，不断增加新领域、完善旧知识体系、补充理论知识，通过拓宽专业领域，才能满足社会经济发展对日益增长的新知识、理论与实践能力等综合素质提升的需求。

2. 不断凝练学科特色与优势研究方向

在农业经济管理学科建设过程中，应当不断突出特色、凝练学科方向，使学科方向更加优化、定位更加准确、重点更加突出、特色更加鲜明，优势更加凸显。

任何高校、研究院所等学科建设主体都有自身成立的背景，以及有一批又一批热爱该学科、勇于攀登学科高峰、为学科建设做出无私奉献的专家学者，通过长期不辞辛苦、持之以恒地研究与探索，凝聚了地区特色与优势、高校特色与优势、学术研究特色与优势、教育教学特色与优势，才能形成一个学科综合性的特色与优势。所以，无论什么学科特色与优势的研究方向都建立在该学科所在区域、所在高校与所在研究院所等对该学科研究的历史传承基础上。农业经济管理学科发展的特色与优势也是建立在区域、高校的特色与优势的基础之上，该学科的任何学术研究成果都产生于长期的凝练与积累过程中，农业经济管理学科建设与发展才能厚积薄发。

在农业经济管理学科建设中，既要保持原有研究方向的特色与长期稳定性，又要不断发挥研究方向的优势，同时要结合新时期"三农"突出的热点与焦点问题，开拓新的研究领域与研究方向，凸显区域、高校、学科的特色与优势。

3. 加大学科内涵建设与提升学科研究质量

加大学科内涵建设主要体现在夯实学科平台的建设与重视人才培养。学科平台建设包括加强学科实验室建设、研究所建设、科研与教学设备、科研软件建设、科研手段与方法、管理者培养等方面的建设，为农业经济管理学科建设提供物质条件、基础条件，走内涵式发展之路，提升学科建设质量。

学科建设还需要有农业经济管理学科情结的、热衷于农业经济管理学科教学与学术研究事业、有国际视野、站在学科前沿领域的研究者引领学科建设团队，长期从事农业经济管理学科不同研究方向的科研与教学工作。所以，首先需要培养一批高素质、理论功底过硬、实践调研经验丰富的领军人才，才能有计划、有步骤地组织具有发展潜力的科研与教学团队从事该学科的科研与教学工作，并提高学科研究人员研究能力与管理能力，进而提升学科学术研究质量与水平。

4. 体现与挖掘学科建设的区域特色

任何学科建设与发展既具有时代背景，也具有地域背景，农业经济管理学科发展已逾百年，每一个阶段农业经济管理学科的发展无不体现区域特色与区域优势。

纵观历史，从区域农业经济实践出现新问题、寻求解决方法、"三农"政策的出台、教育教学制度的制订、学科的学术研究、学科人才培养与教育教学改革等一系列发展变化过程中，体现出农业经济管理学科的产生与发展历程。同时，又是在区域"三农"相关领域不断发展与传统农业转变为现代农业过程中，农业经济管理学科不断发展与壮大起来。

横看世界，各国与中国各地区，"三农"问题突出、农业大国或大省、经济较为发达地区的高校农业经济管理学科产生与建设较早，并发展较快。同时，研究人员素质较高、学术研究水平较高，研究成果较多，农业经济管理学科发展较强。农业经济管理学科建设与发展离不开区域特征与区域发展，也离不开高校的历史发展传承，所以，农业经济管理学科建设要建立在区域社会经济发展的需求基础上，并通过不断挖掘区域"三农"发展历史文化、"三农"发展特色与优势，便于突出农业经济管理学科发展的区域特色与高校发展的特色与优势。

（二）农业经济管理学科改革与创新

针对我国农业经济管理学科建设存在的问题，以及学科发展与社会经济发展相适应的实践需求，农业经济管理学科需要从以下几个方面进行革新：

1. 将农业经济管理学科研究方向与农业结构调整相结合

新时期中国"三农"发展出现了新矛盾，主要表现为人民生活需要与发展不充分之间的矛盾，这就需要解决资源配置的高效性与资源利用的充分性问题，因而，"三农"问题出现了新的焦点和热点问题，为了解决这些问题，政府出台了一系列解决"三农"问题的政策，以及配套策略。在这些政策的宏观指导下，农业经济管理学科建设必须做到学科研究方向与解决实际问题相适应、专业教学内容与社会实践对人才知识储备的需求相适应。

近些年来，"三农"问题的关键问题在于农业供给侧结构性改革与农业一二三产业融合发展等问题，所以，农业经济管理学科建设的研究方向要结合农业供给侧结构性改革内容与农业产业链的结构创新而革新学科建设内容，农业经济管理学科相关专业课程体系设置与教学内容安排也要将这些理论与知识体系融入人才培养方案与培养体系之中。

2. 将农业经济管理学科研究方向与农业制度相结合

农业经济管理学科研究方向的调整与革新还需要与农业制度改革相适应。在我国从 20 世纪 70 年代末实施农村家庭联产承包责任制以来，到 21 世纪 20 年代，农村改革已有 40 余年的历史。40 多年来，中国农业形势发生了许多变化，解决了许多"三农"实际问题，农村经济发展了，农业生产效率提升了，农民收入增加了，农民生活水平得到了极大的改善。与此同时，农业经济管理学科发展也较快。

但是，新时期"三农"发展过程中又出现了新问题，随着城镇化水平提高，农村人口流动速度加快，农村逐渐出现"空心村"，农民逐渐老龄化，农业小规模经营增收空间有限等问题。为了解决这些新问题，政府出台了一系列的政策与制度，如规模经营、新型经营主体培育、农民专业合作社、家庭农场发展、土地流转、农业供给侧结构性改革、农村生态环境治理、乡村振兴、"粮改饲"策略、粮食收储、畜禽粪污资源化利用、种养业结合经营等政策、制度与策略。因此，农业经济管理学科建设的科学研究方向要紧随这些农业制度革新而创新，农业经济管理专业建设的课程设置、教学内容也要将这些农业制度与相关知识纳入人才培养方案与培养体系之中。

3. 将农业经济管理学科研究方向与国际发展趋势相结合

农业经济管理学科建设起源于国外，其建设与发展也一定要在基于我国国情的基础上，与国际上该学科建设与发展趋势相结合。农业经济管理学科的学术研究方向要关注国际学术研究前沿，借鉴国外适合我国国情的一些研究方向与发展经验。国外某些国家农业经济管理学科的成功转型的最大特点就是从政策研究为重心转移到市场研究为重心，有些国家在农业经济管理学科中，农业资源与环境经济、涉农企业管理、食品经济与经营等的某些科研与教学方向，对于研究生和本科生具有一定的吸引力，如食品市场营销等，因为农业经济管理学科的这些研究方向与专业知识更能满足社会经济发展的直接需求。

上述分析了美国高等教育的农业经济管理学科也曾经遇到经济管理类其他学科的冲击，但是，无论是该学科的本科生还是研究生在研究方向都进行了成功转型，从单纯的农业经济研究转型为农业企业管理、农业资源与环境经济等方面更宽广领域的研究。同时，农产品加工、食品经济、市场营销等研究方向与专业方向也成为农业经济管理学科的主要发展方向，这意味着涉农企业经营与管理、农业资源与环境经济、食品经济等相关研究正在成为农业经济管理学科硕士研究生与博士研究生的主要研究方向和本科生人才培养的主要方向。在欧洲国家和日本的高校农业经济管理学科变化呈现与美国该学科建设相同的变化趋势。

国外农业经济管理学科建设与发展趋势的经验说明，农业经济管理学科建设与发展要遵循国际发展趋势，我国的农业经济管理学科建设也需要革新或转型，农业经济管理学科的学术研究方向与教育教学体系转型的焦点，应该从农业经济理论与政策研究转移到理论与政策研究、涉农企业经营管理、农业生产要素研究、农业产业链研究、农业资源与环境经济、农产品加工与市场经济研究等多元化方向相结合的学术研究与人才培养领域。

二、农业经济管理专业改革对策

在上述农业经济管理学科建设策略与革新措施的基础上，对于农业经济管理专业与人才培养等方面也应当进行相应的调整。

（一）农业经济管理专业发展设想

在现代农业发展对人才提出新需求的背景下，为了适应社会对人才的需求，农业经济管理专业人才培养目标需要随着社会的需求不断变化而进行调整，相应的人才培养模式也需要不断创新。

1. 农业经济管理学科相关专业建设发展规律

纵观农业经济管理学科人才培养的历史变迁，横看该学科各地区的人才培养方面的发展，总结其发展规律，该学科人才培养发展趋势呈现"从无到有—从有到强—从强到优—从优到特—从特到不可或缺"的发展特征。因此在该学科已经具有一定专业发展基础的条件下，依据区域特征、办学特色和资源优势，顺应历史发展规律，要从优质、特色上下功夫。为了培养创新型人才，农业经济管理学科相关专业课程体系需要调整，教学内容需要更新、教学方式需要改革，实践教学需要加强。

2. 农业经济管理学科相关专业建设与就业引导相结合

农业经济管理学科建设高校应当将相关专业建设与就业引导相结合，在进行学科发展和相关专业建设方面，应当关注以下几个问题：一是应当关注学生的意愿，关心学生在专业建设方面的需求，依学生的实际需求合理安排教学环节和课程内容；二是应当多从学生的智慧展示、实践动手能力方面增强其学习兴趣，并通过各种激励手段调动和激发学生的求知积极性；三是应该通过将专家"请进来"讲授、学生"走出去"观摩的方式，以及举办各种讲座的方式积极引导学生的就业意向，增强对农业经济管理专业的兴趣爱好、求知欲望和知识应用的愿望。

对于任何学科的相关专业建设，其学科体系应根据社会经济发展的需求及时进行调整，不能因循守旧，针对农业经济管理学科相关专业的人才培养目标，对于了解和掌握该学科人才的社会经济发展的实际需求，应当对该学科在校大学生与毕业生进行纵向跟踪调查和横向比较分析，对于农业经济管理学科体系不断完善的不同要求，应当根据社会经济发展大环境的变化及时进行修正，以保障其适应性。

3. 农业经济管理学科课程体系应当不断完善与改革

综上分析，通过农业经济管理学科发展的纵向历史比较，总结出的发展经验与规律，以及国内国际农业经济管理学科建设横向比较的发展经验，在整体上和宏观方面都应该进行农业经济管理学科与专业课程体系的改革，但是具体到既要体现区域特色，又要保持农业经济管理优势学科的地位，还要达到人才培养模式创新的目的，其课程设置与改革究竟从哪些方面着手？注重哪些方面的知识？培养和提高哪些方面的素质？又要改革哪些课程？这是该学科相关专业建设所要思考的问题。

基于目前存在的问题，课程体系的改革应该从以下方面切入：一是专业课程要注重特色与前沿，具体做法是在专业课程计划基本稳定的基础上对专业特色课程依据该领域的发展与社会需求进行微调；二是加强专业课程的教学内容的专业化与强化课程的专业知识性，具体做法是在一些基本理论课程中加强农业行业的专业知识强化，如统计学原理课程中增加一些农业统计知识，会计学原理中增加一些农业与农村财会知识，经济学理论中增加一些农业经济与农村经济知识，管理学原理中增加一些农业企业管理的知识，市场营销理论中增加农产品市场营销知识等；三是加强农林牧副渔产业经济的实践教学，包括实验室应用与加强教学和生产实习的农业经济知识的实践应用，就实践教学问题在下一个问题中还要继续作详细的论述。

4. 加强农业经济管理学科实践教学的思路

近几年各高校非常重视课程的实践教学环节，逐渐重视学生的动手能力与实际工作能力的培养。但是对于学生就业和创业方面较大的突破还没有，可能需要一个过程，目前需要加强的方面有：

一是加强专门实验室建设。从学生需求角度出发，而不是"人有我有"的观点，建设专门的农业经济与管理课程的教学示范实验室。进行专门的农业企业经营决策模拟、农业与农村会计基础模拟、农业统计模拟、农业计量经济分析模拟、农产品国际贸易、农业项目管理、农产品期货交易以及农产品营销等实验课程。

二是加强校外专门实习环节。校外实习包括教学实习、生产实习和毕业实习。不管是哪一层次的实习，均需要有相对固定的实习地点和实习基地。实习基地必须能满足完成实习教学任务的要求，能起到人才培训、课程实践、信息交流等作用，能满足"学、研、行"综合性发展的需求，能够起到增强学生所学知识与理论分析问题、解决问题的能力。

三是加强学生参与农林经济管理专业科研训练。该环节虽然困难较大，但是对于农业经济管理学科各层次人才来说，对其巩固专业理论知识、加强社会实践调研活动和提高发现问题、分析问题、解决问题的综合素质与适应能力具有很大的作用，也是一个很好的训练环节。比较来看经过科研训练的学生，其学习积极性和科研能力都比较突出。较大的困难在于老师们的科研经费较少，如果在老师们提供学生科研机会的同时，学校能有专门支持学生科研活动或工作的经费支持可能效果更好。

5. 农业经济管理学科地区特色办学理念的树立

全国80多所高校建设农业经济管理学科，开设该学科相关专业培养本科生与研究生，各院校该专业的招生、学习、就业除了有自己的办学特色外，也体现该学科建设高校所在的省市自治区的地域特色与优势、政策与制度、经济发展水平，以及人文社会习俗等方面的区别与不同。所以，同样是农业经济管理学科培养的人才，可能在基本理论与知识没有多大差别的同时，其地区特色是各个高校毕业生的最大区别。

地方性综合大学的专业定位应立足于地方性、综合性实际，让学生具有较好的农学、林学、畜牧学基础知识与理论。社会上对农业经济管理学科相关专业的需求是有差异的，有些地区需求的重点是种植业经济与管理，有些地区需求的重点是草业经济与管理，有些需求的重点可能是渔业经济与管理，有些需求的重点可能是林业经济与管理，等等，所以地方高校培养该学科人才要体现区域特色。

因此，农业经济管理学科发展与人才培养应当联系区域经济发展，应当服务地方经济社会的发展，也应当充分利用地区提供的条件与实践机会使该专业与学科发展更具有实践应用的价值。

（二）农业经济管理学科人才培养改革举措

农业经济管理学科产生之初就是从国外引入我国开设的相关课程开始，到目前培养农业经济管理学科人才层次不断提高、知识面不断扩大。所以，该学科的发展与革新无不是围绕社会经济发展需求与人才培养目标而发展变化的。

1. 学科建设应该立足于教学内容适应社会需求的原则

人才培养方案中的课程设置与教学内容都应该按照社会需求来设置，社会各相关单位与相关部门是人才的需求方，学校依托每个学院或系作为人才供给方，人才供给数量与质量是人才培养的结果。人才供给的数量的多少与质量高低影响因素主要有硬件设施、软件设施、师资力量、培养模式和培养方案，而在众多因素中，培养方案是基础，培养方案中的课程设置又决定了教学内容，教学内容是否符合社会对人才的需求非常重要，一个学校或一个专业培养的人才所学知识、理论与社会需求不相适应，人才就不能直接投入劳动，一方面造成人财物的浪费，另一方面所培养的人才可能没有单位愿意接收，造成失业。

2. 学科建设应该依据社会对人才需求的层次安排教学内容

社会各个单位与部门对人才层次的需求不同，有的需要所培养人才掌握较深的理论知识与原理，有的单位不需要理论知识很深的人才，而是需要知识更广博的人才。所以，应当依据社会对不同层次人才的需求，各个层次人才对知识与理论掌握程度的需求设置课程，安排教学内容。

对于研究型人才培养，为了适应社会对该学科高层次人才学术研究能力的要求，在学科研究方向与课程体系设置方面需要加大课程的广度和深度。对于实践应用型人才，为了适应社会对该层次人才实践能力和动手能力的需求，农业经济管理学科研究方向与专业课程体系设置要偏向于实践操作、动手能力的课程方向与教学内容。

3. 学科建设应该依据社会对上手快人才的需求合理安排实践教学内容

一直以来，由于农业经济管理学科培养方案中存在着理论课程多、实践课程少的问题，因此农业经济管理人才培养理论知识学得较好，但是到了实际工作岗位，实践动手能力有限，而且对于具体的工作进入角色较慢，上手不快，影响人才利用的效率。所以，应当在培养方案中加一些培养动手能力的实践课程，建设实验室或教学实践基地，将理论知识尽快转化为实践动手能力。

在农业经济管理学科建设实践中，随着经济管理类新专业的不断建设，如会计学、财务管理、金融等热门专业的不断设置，将管理类与经济类的实践教学改革重点放在这些新专业上，而传统的农业经济管理学科的实践教学被一度冷落。因此，无论是实验室建设、实践基地建设、硬件和软件设施建设，还是"双师型"教师队伍建设政策都倾斜于会计学、财务管理、市场营销、金融等学科与专业建设上，就连实验室软件开发商也将投资和技术开发目标重点放在这些学科上。农业经济管理学科建设所需要的政策支持、投资环境和社会服务都不被重视，这势必导致该学科与专业的人才实践能力培养力度较弱，远远不能满足社会对农业经济管理学科人才实践能力方面的需求。所以，农业经济管理学科实践教学需要进一步加强。

参考文献

［1］安希伋．美国农经系的"推广教授"［J］．世界农业，1982（10）：42－43.

［2］安希伋．美国农业经济专业人材培养的几个特点［J］．世界农业，1983（11）：39－41.

［3］安希伋．西方农业经济学说史述评［J］．农业经济，1983（01）：5－10.

［4］安希伋．资本主义农业经济学的历史与现状［J］．农业经济，1987（01）：1－4.

［5］白昆．澳大利亚农业概况［J］．国际经济评论，1979（02）：44－48＋80.

［6］宝林．全国农业经济管理统编教材正紧张地编写和定稿［J］．农业经济问题，1980（03）：39.

［7］蔡昉，王美艳．农村劳动力剩余及其相关事实的重新考察——一个反设事实法的应用［J］．中国农村经济，2007（10）：4－12.

［8］蔡昉．农业劳动力转移潜力耗尽了吗？［J］．中国农村经济，2018（09）：2－13.

［9］蔡昉．中国农村改革三十年——制度经济学的分析［J］．中国社会科学，2008（06）：99－110＋207.

［10］蔡沐培，陈沅．南斯拉夫农业政策对农业生产发展的影响［J］．经济科学，1980（03）：43－48＋42.

［11］曹冯德．要加强经济管理调查［J］．新疆农业科学，1980（01）：16.

［12］曹明銮．农业维新说［J］．清华大学学报（自然科学版），1935

（02）：86 – 89.

[13] 曾福生，高鸣. 中国农业现代化、工业化和城镇化协调发展及其影响因素分析——基于现代农业视角 [J]. 中国农村经济，2013（01）：24 – 39.

[14] 曾凌. 农业合作化对于农村货币流通的影响 [J]. 经济研究，1956（06）：39 – 58.

[15] 曾启. 谈农业经济系的专业设置问题 [J]. 高等农业教育，1985（S2）：26 – 27.

[16] 曾世英. 正在制造中之中国模型地图 [J]. 地理学报，1934（02）：129 – 134.

[17] 陈栋生. 农业生产布局要尊重客观规律、讲究经济效果 [J]. 经济问题，1979（04）：23 – 25.

[18] 陈风波. 美国农业经济学科变迁及对中国的启示 [J]. 南方农村，2013（06）：51 – 56.

[19] 陈吉元，韩俊. 邓小平的农业"两个飞跃"思想与中国农村改革 [J]. 中国农村经济，1994（10）：3 – 13.

[20] 陈吉元，胡必亮. 中国的三元经济结构与农业剩余劳动力转移 [J]. 经济研究，1994（04）：14 – 22.

[21] 陈隽人. 清华园左近七村一〇四户农情调查 [J]. 清华大学学报（自然科学版），1926（1）：763 – 802.

[22] 陈四端. 《外国农业经济》统编教材讨论会在三明召开 [J]. 农业经济问题，1980（06）：14.

[23] 陈随军. 农业经济管理学科前沿与发展战略学术研讨会综述 [J]. 农业经济问题，2004（06）：75 – 78.

[24] 陈武元. 经济管理刊授联合大学定于1985年开办农业经济与管理专业 [J]. 农村经济，1984（10）：32.

[25] 陈锡文，杜鹰，唐仁建，宋洪远. 论新阶段农业和农村经济的战略性结构调整 [J]. 管理世界，2000（01）：146 – 160.

[26] 陈锡文. 当前的农村经济发展形势与任务 [J]. 农业经济问题，2006（01）：7 – 11.

［27］陈锡文．实施乡村振兴战略，推进农业农村现代化［J］．中国农业大学学报（社会科学版），2018，35（01）：5－12．

［28］陈锡文．试析新阶段的农业、农村和农民问题［J］．宏观经济研究，2001（11）：12－19＋26．

［29］程国强，孙东升．中国农业政策改革的效应［J］．经济研究，1998（04）：57－65．

［30］程鸿．甘孜阿坝地区农业类型的初步研究［J］．地理学报，1963（02）：156－169．

［31］程其保．农业浅说［J］．清华大学学报（自然科学版），1915（00）：274－278．

［32］程其保．农业浅说续第六号［J］．清华大学学报（自然科学版），1915（00）：424－430．

［33］崔晓琳．美国、加拿大农业经济管理学科发展现状及趋势分析［J］．世界农业，2016（08）：162－165．

［34］戴芳，杨小波，董谦．农林经济管理品牌专业的建设构想——基于对河北农业大学农林经济管理专业61名大学生的调查［J］．河北农业大学学报（农林教育版），2011，13（02）：157－160＋168．

［35］戴园晨．论我国封建土地国有制的生产关系［J］．历史研究，1962（05）：75－95．

［36］旦谷．略论轻工业与农业、重工业的关系［J］．经济研究，1961（12）：1－10．

［37］党国英．中国农业发展的战略失误及其矫正［J］．中国农村经济，2016（07）：2－14．

［38］邓大才．中国农村产权变迁与经验——来自国家治理视角下的启示［J］．中国社会科学，2017（01）：4－24＋204．

［39］邓静中．全国农业现状区划的初步探讨［J］．地理学报，1963（04）：265－280．

［40］董春宇．建设农业经济管理专业实习基地的探讨［J］．安徽农学通报（上半月刊），2010，16（23）：206＋176．

[41] 董恺忱. 明治时期的日本农业和西方农学 [J]. 世界农业, 1980 (07): 1 – 7.

[42] 董恺忱. 世界农业发展历程述略——兼论东西方农业的特点（下）[J]. 世界农业, 1980 (04): 16 – 19.

[43] 董恺忱. 中国传统农业的历史成就 [J]. 世界农业, 1983 (02): 49 – 52.

[44] 杜凤先. 学习管理科学 提高农业集体经济管理水平 [J]. 农业科学实验, 1980 (08): 2 – 4.

[45] 杜润生. 中国农村制度变迁 [M]. 成都：四川人民出版社, 2003.

[46] 杜润生. 给农民创造一个更好的制度环境 [J]. 中国改革, 2000 (10): 10 – 12.

[47] 杜兴华. 谈谈农业经济管理 [J]. 中国农垦, 1979 (01): 21.

[48] 杜吟棠, 潘劲. 我国新型农民合作社的雏形——京郊专业合作组织案例调查及理论探讨 [J]. 管理世界, 2000 (01): 161 – 168 + 216.

[49] 杜鹰. 日本的农业政策改革及其启示 [J]. 中国农村经济, 2000 (12): 63 – 70.

[50] 杜鹰. 现阶段中国农村劳动力流动的群体特征与宏观背景分析 [J]. 中国农村经济, 1997 (06): 4 – 11.

[51] 方松海, 王为农, 黄汉权. 增加农民收入与扩大农村消费研究 [J]. 管理世界, 2011 (05): 66 – 80 + 187 – 188.

[52] 方天. 农业经济管理专业非农化趋势辩析 [J]. 高等农业教育, 1998 (07): 28 – 30.

[53] 方贤明. 社会主义市场经济中的农村合作金融组织 [J]. 金融研究, 1998 (03): 34 – 37.

[54] 方显廷. 中国经济研究 [M]. 长沙：商务印书馆, 1938.

[55] 丰雷, 任芷仪, 张清勇. 家庭联产承包责任制改革：诱致性变迁还是强制性变迁 [J]. 农业经济问题, 2019 (01): 32 – 45.

[56] 冯海发, 丁力. 有关国家农业行政管理体制的设置及启示 [J]. 管理世界, 1998 (03): 139 – 147.

［57］冯建辉．我党开创农村包围城市道路的历史考察［J］．中国社会科学，1980（02）：131 - 142.

［58］冯开文，李军．中国农业经济史纲要［M］．北京：中国农业大学出版社，2008.

［59］冯子标．关于农村几种生产责任制的调查［J］．农业经济问题，1980（06）：40 - 42.

［60］傅晨，温思美．面向21世纪我国高等农业经济教育面临的挑战和改革思路［J］．农业经济问题，1998（01）：34 - 37.

［61］傅晨．基本实现农业现代化：涵义与标准的理论探讨［J］．中国农村经济，2001（12）：4 - 9 + 15.

［62］傅焕光．改进江苏省立第一农业学校之建议［J］．教育与职业，1927（07）：267 - 271.

［63］高帆．我国区域农业全要素生产率的演变趋势与影响因素——基于省际面板数据的实证分析［J］．数量经济技术经济研究，2015，32（05）：3 - 19 + 53.

［64］高集光．浅析农业经济管理课程实验教学改革［J］．中国校外教育，2013（S1）：262.

［65］龚文海．新生代农民工职业农民意愿研究——基于个人特征、外出务工特征的分析［J］．农业经济问题，2015，36（11）：41 - 48 + 111.

［66］顾莉丽，刘帅，姜会明．高等院校农业经济管理专业本科生创新创业教育调查与对策建议——以吉林农业大学为例［J］．黑龙江畜牧兽医，2018（07）：232 - 235.

［67］关勋夏．马克思恩格斯在农民问题上同拉萨尔主义的斗争［J］．华南师院学报（哲学社会科学版），1980（04）：118 - 126.

［68］郭德宏．第二次国内革命战争时期党的土地政策的演变［J］．中国社会科学，1980（06）：103 - 125.

［69］郭德尊．关于向农业生产的深度和广度进军的几个问题［J］．中国经济问题，1965（05）：10 - 17.

［70］郭红东，徐萍平，王松鹤等．充分发挥农民合作组织的作用促进农业

和农村经济发展——对慈溪市胜山镇农业产业协会的调查［J］．中国农村经济，1999（11）：67－70.

［71］韩朝华．个体农户和农业规模化经营：家庭农场理论评述［J］．经济研究，2017，52（07）：184－199.

［72］韩国磐．从均田制到庄园经济的变化［J］．历史研究，1959（05）：29－64.

［73］韩俊．中国农村经济改革与发展的新阶段与新思路［J］．中国农村经济，1999（05）：5－12.

［74］韩喜平，金运．中国农村金融信用担保体系构建［J］．农业经济问题，2014，35（03）：37－43＋110－111.

［75］韩长赋．论稳定农村土地承包关系［J］．中国农村经济，1998（01）：36－39.

［76］韓玉書．农业辅导教材应如何编選［J］．教育与职业，1937（Z2）：649－655.

［77］何可，张俊飚，张露等．人际信任、制度信任与农民环境治理参与意愿——以农业废弃物资源化为例［J］．管理世界，2015（05）：75－88.

［78］何万成．介绍革新后的"中国农村"月刊［J］．世界知识，1936（03）：169－170.

［79］何秀荣．关于我国农业经营规模的思考［J］．农业经济问题，2016，37（09）：4－15.

［80］贺雪峰．农民负担与乡村治理——湖北黛村调查［J］．管理世界，2000（06）：146－155＋181.

［81］贺政，纬文．论农村集市贸易［J］．经济研究，1962（04）：11－15.

［82］洪名勇．地方综合性大学农林经济管理品牌专业建设构想［J］．高等农业教育，2008（07）：57－60.

［83］胡焕庸．江宁县之耕地与人口密度［J］．地理学报，1934（02）：20－45＋155.

［84］胡焕庸．中国之农业区域［J］．地理学报，1936（01）：1－17＋244－245.

［85］胡坤荣．办理农村教育应有之觉悟［J］．教育与职业，1929（04）：1037－1038．

［86］胡瑞法，黄季焜．农业生产投入要素结构变化与农业技术发展方向［J］．中国农村观察，2001（06）：9－16．

［87］胡宜挺，王永静，张晓莉等．农林经济管理专业研究生实证研究平台建设探讨——以石河子大学为例［J］．农村经济与科技，2013，24（04）：181－182＋190．

［88］胡宜挺，祝宏辉．农林经济管理专业实践教学问题与对策——以石河子大学为例［J］．农村经济与科技，2012，23（02）：72－74．

［89］华印椿．武进长沟村农业改良会调查记［J］．教育与职业，1929（04）：1047－1063．

［90］黄季焜，胡瑞法．农业科技投资体制与模式：现状及国际比较［J］．管理世界，2000（03）：170－179．

［91］黄胜忠，伏红勇．成员异质性、风险分担与农民专业合作社的盈余分配［J］．农业经济问题，2014，35（08）：57－64＋111．

［92］黄文清，李明贤．基于现代农业视角的中职农村经济管理专业发展研究［J］．中国林业经济，2010（01）：48－51．

［93］黄希源．中国近现代农业经济史［M］．郑州：河南人民出版社，1986．

［94］黄宗智．"家庭农场"是中国农业的发展出路吗？［J］．开放时代，2014（02）：176－194＋9．

［95］黄祖辉，顾益康，徐加．农村工业化、城市化和农民市民化［J］．经济研究，1989（03）：61－63＋60．

［96］季凯文，孔凡斌．中国生物农业上市公司技术效率测度及提升路径——基于三阶段 DEA 模型的分析［J］．中国农村经济，2014（08）：42－57＋75．

［97］季莉娅，史金善．农林经济管理专业人才培养方案研究［J］．大众科技，2008（04）：178－179＋175．

［98］寄梅．社会主义制度下的农村家庭副业［J］．经济研究，1961（03）：

24 – 30.

［99］江恒源．调查江苏十七县农民生计状况后的感想［J］．教育与职业，1929（09）：1375 – 1382.

［100］姜长云．农村非农化过程中农户（农民）分化的动态考察——以安徽省天长市为例［J］．中国农村经济，1995（09）：50 – 56.

［101］金龙勋，赵兰婷，金成哲等．美国农业经济学研究特点及对我国的启示［J］．延边大学农学学报，2014，36（01）：88 – 93.

［102］柯水发，李红勋，王庭秦．基于学生视角的农林经济管理专业本科课程调查与分析——以北京林业大学为例［J］．中国林业教育，2011，29（03）：1 – 7.

［103］柯佑鹏，俞花美．农业经济管理专业海南省级教学团队建设的理论与实践［J］．海南大学学报（自然科学版），2011，29（03）：284 – 288.

［104］孔令英，张红丽．面向三农"需求"的农业经济管理实践教学体系建设［J］．农村经济与科技，2014，25（10）：180 – 182.

［105］孔祥智，穆娜娜．实现小农户与现代农业发展的有机衔接［J］．农村经济，2018（02）：1 – 7.

［106］孔祥智．21世纪农业经济管理专业的发展方向［J］．农业科研经济管理，2000（01）：17 – 19.

［107］孔祥智．当前农村小城镇发展中存在的主要问题和对策建议［J］．管理世界，2000（06）：156 – 164.

［108］孔祥智．农业供给侧结构性改革的基本内涵与政策建议［J］．改革，2016（02）：104 – 115.

［109］孔祥智．我国农业劳动力数量和劳动生产率估算［J］．改革，2019（05）：38 – 47.

［110］蓝海涛，王为农，涂圣伟等．新常态下突破农民收入中低增长困境的新路径［J］．宏观经济研究，2017（11）：128 – 138.

［111］雷庆勇，潘鸿，尹义坤．农林经济管理专业本科生理论课程教学探析［J］．中国校外教育（理论），2008（08）：24 + 28.

［112］黎东升，曾令香，张华林．农业经济管理专业课程体系与教学内容改

革〔J〕. 高等农业教育, 2000 (06): 43 – 45.

〔113〕黎东升, 何蒲明, 徐辉等. 农业经济管理类本科专业实践教学体系改革探索〔J〕. 长江大学学报（自然科学版）农学卷, 2010, 7 (02): 99 – 101.

〔114〕李翠霞, 黄凤, 余志刚. 基于农业现代化的农业经济管理专业创新型人才培养途径〔J〕. 黑龙江高教研究, 2013, 31 (11): 135 – 137.

〔115〕李翠霞, 朱婧, 卢达. 农业经济管理专业人才培养模式研究〔J〕. 东北农业大学学报（社会科学版）, 2009, 7 (06): 56 – 58.

〔116〕李飞龙. 民国初期贵州农家经济分析（1912—1936）〔J〕. 兰台世界, 2013 (06): 22 – 23.

〔117〕李谷成, 范丽霞, 冯中朝. 资本积累、制度变迁与农业增长——对1978 – 2011 年中国农业增长与资本存量的实证估计〔J〕. 管理世界, 2014 (05): 67 – 79 + 92.

〔118〕李红. 农业经济转型期农业经济管理学科发展的思考〔J〕. 时代农机, 2018, 4 (02): 140 – 142.

〔119〕李济. 中国农业状况调查第一次报告〔J〕. 清华大学学报（自然科学版）, 1916 (00): 149 – 153.

〔120〕李嘉树, 董国强. "经"与"权": 陈云农业经济思想的历史考察（1961—1982）〔J〕. 河北学刊, 2019, 39 (04): 159 – 165.

〔121〕李军, 马烈, 冯开文. 农业高校设置农业经济史学科的意义与实践——以中国农业大学为例〔J〕. 中国农业教育, 2018 (04): 57 – 62 + 95.

〔122〕李宁, 何文剑, 仇童伟等. 农地产权结构、生产要素效率与农业绩效〔J〕. 管理世界, 2017 (03): 44 – 62.

〔123〕李薇, 李广. 信息技术与农业经济管理课程整合探究〔J〕. 产业与科技论坛, 2011, 10 (09): 139 – 140.

〔124〕李卫武. 湖北省农经学会召开学术讨论会〔J〕. 农业经济问题, 1980 (11): 4.

〔125〕李晓农. 丹麦农民生活的一瞥〔J〕. 教育与职业, 1929 (05): 1115 – 1119.

〔126〕李旭, 李雪. 社会资本对农民专业合作社成长的影响——基于资源获

取中介作用的研究［J］．农业经济问题，2019（01）：125－133.

［127］李永友，徐楠．个体特征、制度性因素与失地农民市民化——基于浙江省富阳等地调查数据的实证考察［J］．管理世界，2011（01）：62－70.

［128］李子奈．如何转移农村剩余劳动力［J］．经济学家，2000（04）：92－94.

［129］厉以宁．美国"新政"时期的反农业危机措施［J］．北京大学学报（哲学社会科学版），1963（05）：55－74.

［130］林铁钧．清初的抗清斗争和农民军的联明抗清策略［J］．历史研究，1978（12）：39－52.

［131］林毅夫，胡庄君．中国家庭承包责任制改革：农民的制度选择［J］．北京大学学报（哲学社会科学版），1988（04）：49－53.

［132］林毅夫，沈明高．我国农业技术变迁的一般经验和政策含义［J］．经济社会体制比较，1990（02）：10－18.

［133］林毅夫．加强农村基础设施建设　启动农村市场［J］．农业经济问题，2000（07）：2－3.

［134］刘葆金，顾焕章．将农学类农业经济及管理专业改为一级学科的想法［J］．农业经济问题，1988（11）：49－51.

［135］刘国光．关于生产资料优先增长原理的适用范围和农业内部生产资料优先增长问题［J］．江汉学报，1963（07）：11－19.

［136］刘俊文．农民专业合作社对贫困农户收入及其稳定性的影响——以山东、贵州两省为例［J］．中国农村经济，2017（02）：44－55.

［137］刘守英．土地制度与农民权利［J］．中国土地科学，2000（03）：1－9.

［138］刘书明．统一城乡税制与调整分配政策：减轻农民负担新论［J］．经济研究，2001（02）：43－49＋60.

［139］刘崧生，郭宗海，顾焕章．农业现代化与农业经济管理［J］．南京农业大学学报，1980（01）：151－155.

［140］刘巽浩，高旺盛．中国农业、农村持续发展与科技对策［J］．自然资源，1996（01）：1－9.

［141］刘艳梅．我国农业经济管理专业实践性教学效果的研究［J］．吉林农业，2014（07）：18.

［142］刘玉满．培育农业产业组织体系　推动农业产业化发展［J］．中国农村经济，1998（12）：34－39.

［143］刘志澄，何桂庭，许辛．农业"四化"的综合发展同经济效果的关系［J］．经济研究，1964（02）：19－26.

［144］卢锋，梅孝峰．我国"入世"农业影响的省区分布估测［J］．经济研究，2001（04）：67－73.

［145］芦千文，姜长云．欧盟农业农村政策的演变及其对中国实施乡村振兴战略的启示［J］．中国农村经济，2018（10）：119－135.

［146］陆叔昂．农村改进之路（一）　［J］．教育与职业，1933（02）：145－148.

［147］罗必良，欧百钢．农林经济管理学科：分类解读与重新构造［J］．农业经济问题，2007（01）：74－80＋112.

［148］罗必良．农地确权、交易含义与农业经营方式转型——科斯定理拓展与案例研究［J］．中国农村经济，2016（11）：2－16.

［149］罗楚亮．农村贫困的动态变化［J］．经济研究，2010，45（05）：123－138.

［150］罗攀柱，陈元红．高等林业院校农林经济管理专业培养目标改革探讨——基于农林业的特点及其差异特征的视角［J］．林业经济问题，2008（02）：185－188.

［151］罗万纯．中国农村生活环境公共服务供给效果及其影响因素——基于农户视角［J］．中国农村经济，2014（11）：65－72.

［152］骆永民，樊丽明．土地：农民增收的保障还是阻碍？［J］．经济研究，2015，50（08）：146－161.

［153］吕立才．我国农业高等院校农经本科人才培养的非农化与对策［J］．广东农业科学，2014，41（03）：221－223.

［154］马华．村治实验：中国农村基层民主的发展样态及逻辑［J］．中国社会科学，2018（05）：136－159＋207.

［155］马文超，刘仲兰．面向21世纪农业经济、农村社会及农业科技发展对本科人才经济管理素质要求的研究与思考［J］．河北农业大学学报（农林教育版），1999（04）：1－4.

［156］马晓河．增加农民收入与稳定农业发展［J］．管理世界，1994（06）：177－185.

［157］毛捷，赵金冉．政府公共卫生投入的经济效应——基于农村居民消费的检验［J］．中国社会科学，2017（10）：70－89＋205－206.

［158］毛迎春，黄祖辉．中国农业经济与管理学科的发展与趋势［J］．福建论坛（人文社会科学版），2006（04）：14－16.

［159］冒佩华，徐骥，贺小丹等．农地经营权流转与农民劳动生产率提高：理论与实证［J］．经济研究，2015，50（11）：161－176.

［160］梅方权，安晓宁．中国现代集约持续农业发展之展望［J］．中国农村经济，1995（05）：12－15＋39.

［161］乃夫．波兰的农村青年运动［J］．世界知识，1936（05）：260－261.

［162］牛若峰．农业产业一体化经营的理论框架［J］．中国农村经济，1997（05）：4－8.

［163］潘吟阁．考察河北山东农民教育报告［J］．教育与职业，1933（05）：317－328.

［164］祁春节，李崇光．农业经济管理学科研究方法的演进与创新研究［J］．华中农业大学学报（社会科学版），2010（02）：1－11.

［165］钱琳叔．试办农村改进试验区之提议［J］．教育与职业，1933（02）：148－150.

［166］钱忠好，肖屹，曲福田．农民土地产权认知、土地征用意愿与征地制度改革——基于江西省鹰潭市的实证研究［J］．中国农村经济，2007（01）：28－35.

［167］丘宝剑，卢其尧．中国农业气候区划试论［J］．地理学报，1980（02）：116－125.

［168］曲福田，田光明．城乡统筹与农村集体土地产权制度改革［J］．管

理世界，2011（06）：34 – 46 + 187.

［169］曲兆鹏，赵忠．老龄化对我国农村消费和收入不平等的影响［J］．经济研究，2008，43（12）：85 – 99 + 149.

［170］群策．中国新民主主义革命时期的农民问题［J］．历史研究，1964（03）：69 – 88.

［171］戎笙．只有农民战争才是封建社会发展的真正动力吗？［J］．历史研究，1979（04）：49 – 56.

［172］阮仁慧．重农学派在农业为基础思想方面给我们的启示——学习马克思对重农学派的评价［J］．经济研究，1980（10）：70 – 73 + 59.

［173］阮荣平，曹冰雪，周佩等．新型农业经营主体辐射带动能力及影响因素分析——基于全国2615家新型农业经营主体的调查数据［J］．中国农村经济，2017（11）：17 – 32.

［174］三力．合理使用农村劳动力提高劳动效率［J］．经济研究，1961（07）：9 – 16.

［175］邵循正．辛亥革命时期资产阶级革命派和农民的关系问题［J］．北京大学学报（人文科学），1961（06）：3 – 9.

［176］佘之祥．江苏省农业区域发展的新特点与农业生产布局的新问题［J］．地理学报，1979（02）：104 – 117.

［177］沈有乾．中国农业状况报告二　南通农业状况［J］．清华大学学报（自然科学版），1917（03）：230 – 235.

［178］潘文安．农业仓库的管理问题［J］．复旦学报，1935（00）：49 – 55.

［179］盛乐音．转型期农业经济管理学科发展的思考［J］．中国农业信息，2016（11）：42 + 48.

［180］石晶，王奉恩．农业经济管理专业教学计划改革的几个问题［J］．高等农业教育，1987（04）：75 – 77.

［181］石义亨．中国农村的家事教育［J］．教育与职业，1936（05）：365 – 368.

［182］轼辙．关于农村人民公社积累与消费若干问题初探［J］．经济研究，

1965（03）：47－54.

[183] 庶僮. 中国农民革命思想的几个问题 [J]. 中山大学学报（哲学社会科学版），1980（03）：13－23.

[184] 思慕. 战争重压下的日本农民 [J]. 世界知识，1938（05）：141－145.

[185] 宋海文. 农业生产合作社中自留地问题的探讨 [J]. 经济研究，1957（04）：7－17.

[186] 宋海文. 日本的农村经济 [J]. 世界经济文汇，1957（06）：28－31.

[187] 宋洪远，黄华波，刘光明. 关于农村劳动力流动的政策问题分析 [J]. 管理世界，2002（05）：55－65＋87－153.

[188] 宋洪远. 关于农业供给侧结构性改革若干问题的思考和建议 [J]. 中国农村经济，2016（10）：18－21.

[189] 宋紫云. 立体农业经营之设计 [J]. 教育与职业，1933（08）：617－621.

[190] 宋紫云. 中国农村改进问题 [J]. 教育与职业，1932（07）：325－335.

[191] 孙东升，孔凡丕，陈学渊. 小农户与现代农业衔接的经验、启示与建议 [J]. 农业经济问题，2019（04）：46－50.

[192] 孙海清，陈蕊，饶志坚等. 试论普通高等农业院校经济管理类专业课程体系设置的基本框架 [J]. 云南农业教育研究，1998（02）：2－4.

[193] 孙亚范，余海鹏. 农民专业合作社成员合作意愿及影响因素分析 [J]. 中国农村经济，2012（06）：48－58＋71.

[194] 孙智君. 民国经济学家方显廷的农业经济思想及其现实意义 [J]. 华中农业大学学报（社会科学版），2007（02）：88－92.

[195] 泰岩，王检贵. 工业化新阶段农业基础性地位的转变 [J]. 中国社会科学，2001（03）：47－55＋205.

[196] 覃克良，陶跃锐. 农业现代化资金问题——栾城县调查报告 [J]. 经济研究，1980（04）：69－72.

［197］谭贵华. 农村集体经济组织的研究回顾与前瞻［J］. 重庆大学学报（社会科学版），2013，19（01）：123 – 129.

［198］谭锦维. 对农业经济管理专业设置的意见［J］. 高等农业教育，1985（S2）：28.

［199］陶知行. 谈农村教育［J］. 教育与职业，1929（04）：1009 – 1016.

［200］滕兴祥. 正确认识和调动农民的两种劳动积极性［J］. 东岳论丛，1980（04）：52 – 55.

［201］田玉英，黄昶生. 全日制专业学位研究生专业能力培养体系的构建［J］. 中国石油大学学报（社会科学版），2015（04）：108 – 113.

［202］涂长望. 与张印堂先生商榷中国人口问题之严重［J］. 地理学报，1935（01）：127 – 137.

［203］万宝瑞. 发展劳动密集型产业是现阶段农村发展和农民增收的战略选择［J］. 农业经济问题，2002（11）：2 – 5.

［204］万宝瑞. 实现"双目标"是落实农业供给侧结构性改革的根本任务［J］. 农业经济问题，2018（01）：4 – 7.

［205］万宝瑞. 新形势下我国农业发展战略思考［J］. 农业经济问题，2017，38（01）：4 – 8.

［206］万广华. 中国农村区域间居民收入差异及其变化的实证分析［J］. 经济研究，1998（05）：37 – 42 + 50.

［207］汪缉熙. 复兴中国农村的根本方案［J］. 复旦学报，1935（00）：99 – 112.

［208］王達三. 农村职业补习教育之涵义［J］. 教育与职业，1937（05）：353 – 362 + 417.

［209］王耕今. 以粮为纲全面地发展农业生产［J］. 经济研究，1961（11）：1 – 4.

［210］王光伟. 积极地稳妥地进行农业技术改革［J］. 经济研究，1963（03）：1 – 8.

［211］王军，王夷平，许春艳等. 农业经济转型背景下复合型农经人才培养探讨——基于职业能力的视角［J］. 职业技工教育，2015，36（26）：21 – 24.

［212］王小强．农民与反封建［J］．历史研究，1979（10）：3－12.

［213］王晓君，吴敬学，蒋和平．中国农村生态环境质量动态评价及未来发展趋势预测［J］．自然资源学报，2017，32（05）：864－876.

［214］王雅鹏，杨涛，张岳君．农业经济转型期农业经济管理学科发展的思考［J］．华中农业大学学报（社会科学版），2003（04）：1－5.

［215］王雅鹏．农林经济管理学科发展与研究生教育问题的思考［J］．华中农业大学学报（社会科学版），2006（05）：87－94.

［216］王跃梅，姚先国，周明海．农村劳动力外流、区域差异与粮食生产［J］．管理世界，2013（11）：67－76.

［217］王云霞．浅谈《农业经济管理》教学中的几点体会［J］．科技信息（科学教研），2007（14）：397.

［218］王志莘．籌辦江蘇農民銀行之我見［J］．教育与职业，1928（03）：155－161.

［219］韦仕鹏．必须强化农经部门的行政管理职能［J］．广西农村经济，2000（03）：6－8.

［220］温翠青．农业经济转型期农业经济管理学科发展［J］．科技经济市场，2016（03）：69.

［221］温思美，杨顺江．论农业产业化进程中的农产品流通体制改革［J］．农业经济问题，2000（10）：45－48.

［222］翁永曦．关于我国农业问题的若干看法［J］．农业经济丛刊，1980（03）：1－15.

［223］无逸．俄国农民挨饿吗？［J］．世界知识，1934（02）：83－84.

［224］吴桂淑，姜会明，戴胜利．适应时代发展，构建农业经济学课程教学体系［J］．高等农业教育，2002（10）：59－60.

［225］吴晗．元帝国之崩溃与明之建国［J］．清华大学学报（自然科学版），1936（02）：359－423.

［226］吴景超．从佃户到自耕农［J］．清华大学学报（自然科学版），1934（4）：973－992.

［227］吴景超．近代都市化的背景［J］．清华大学学报（自然科学版），

1933（00）：113 - 142.

　　［228］吴觉农．對於農民協會的貢獻　在上海市農民協會成立會演說［J］．教育与职业，1928（01）：57 - 60.

　　［229］伍骏骞，阮建青，徐广彤．经济集聚、经济距离与农民增收：直接影响与空间溢出效应［J］．经济学（季刊），2017，16（01）：297 - 320.

　　［230］伍山林．农业劳动力流动对中国经济增长的贡献［J］．经济研究，2016，51（02）：97 - 110.

　　［231］肖洪安，傅新红，杨锦秀等．面向 21 世纪高等农业院校经济管理类本科教育的实践教学体系改革研究［J］．四川农业大学学报，2000（S1）：43 - 46.

　　［232］熊性美．第二次世界大战后美国农业危机的一些资料和几个问题［J］．经济研究，1961（06）：31 - 48.

　　［233］徐建国，张勋．农业生产率进步、劳动力转移与工农业联动发展［J］．管理世界，2016（07）：76 - 87 +97.

　　［234］徐开新，高健，蒙少东．食品经济管理学科建设的背景与意义［J］．兰州学刊，2008（12）：74 - 76 +158.

　　［235］徐勇．农民理性的扩张："中国奇迹"的创造主体分析——对既有理论的挑战及新的分析进路的提出［J］．中国社会科学，2010（01）：103 - 118 + 223.

　　［236］徐勇．中国家户制传统与农村发展道路——以俄国、印度的村社传统为参照［J］．中国社会科学，2013（08）：102 - 123 +206 - 207.

　　［237］［美］徐育珠．农村发展经济学［M］．郑州：中原农民出版社，1988.

　　［238］许涤新．论农业在国民经济中的地位和发展农业生产的关键［J］．经济研究，1962（12）：1 - 10.

　　［239］许筠，冯开文．中国农地制度变迁中农民权益的研究综述［J］．中国农业大学学报（社会科学版），2011，28（03）：137 - 142.

　　［240］许庆，杨青，钱有飞．合久必分，分久必合——新中国农地制度的一个分析框架［J］．农业经济问题，2019（01）：46 - 60.

[241] 雪惠. 西北农学院举办概率统计讲习班 [J]. 中国统计, 1980 (Z1): 59.

[242] 严瑞珍, 孔祥智, 程淑兰, 马九杰. 转轨时期农民行为与政府行为的轨迹 [J]. 经济学家, 1997 (05): 61 –68.

[243] 严瑞珍. 农业产业化是我国农村经济现代化的必由之路 [J]. 经济研究, 1997 (10): 74 –79.

[244] 颜华. 农林经济管理学科建设与创新 [J]. 农村经济, 2009 (12): 95 –96.

[245] 颜进, 张兵. 经管类本科专业综合能力测试的实践与探索 [J]. 中国农业教育, 2002 (05): 30 –31.

[246] 杨宽. 論中国农民战争中革命思想的作用及其与宗教的关系 [J]. 学术月刊, 1960 (07): 37 –45 +71.

[247] 杨列勋. 农业经济管理研究的前沿问题与资助方向 [J]. 中国科学基金, 2004 (03): 24 –27.

[248] 杨名远. 对高等农业院校管理课程系列建设的几点意见 [J]. 农业经济问题, 2000 (03): 33 –37.

[249] 杨士谋. 农经研究生培养规划与建设我国的学科体系 [J]. 高等农业教育, 1985 (S3): 32 –35 +24.

[250] 杨庭芳, 尹良荣. 略谈在农民中开展诉苦教育的问题 [J]. 江汉学报, 1964 (05): 6 –10.

[251] 杨晓明. 农业经济管理学科建设与人才培养模式研究——以黑龙江省研究生教育为例 [J]. 学术交流, 2009 (10): 201 –204.

[252] 叶敬忠, 豆书龙, 张明皓. 小农户和现代农业发展: 如何有机衔接? [J]. 中国农村经济, 2018 (11): 64 –79.

[253] 一芥. 介绍 "中国农村的描写" [J]. 世界知识, 1936 (01): 57 –58.

[254] 吟阁. 农村经济之调查 [J]. 教育与职业, 1929 (09): 1383 –1390.

[255] 应瑞瑶, 朱哲毅, 徐志刚. 中国农民专业合作社为什么选择 "不规范" [J]. 农业经济问题, 2017, 38 (11): 4 –13 +110.

［256］于法稳．绿色发展理念视域下的农村生态文明建设对策研究［J］．中国特色社会主义研究，2018（01）：76-82．

［257］于晓华，郭沛．农业经济学科危机及未来发展之路［J］．中国农村经济，2015（08）：89-96．

［258］余霖．级差地租和我们的价格政策［J］．经济研究，1964（06）：1-5．

［259］余新平，熊皛白，熊德平．中国农村金融发展与农民收入增长［J］．中国农村经济，2010（06）：77-86+96．

［260］郁建兴，高翔．农业农村发展中的政府与市场、社会：一个分析框架［J］．中国社会科学，2009（06）：89-103+206-207．

［261］袁耀文．要重视农业经济管理的研究［J］．南方经济，1983（03）：94+86．

［262］苑鹏．中国农村市场化进程中的农民合作组织研究［J］．中国社会科学，2001（06）：63-73+205-206．

［263］詹文元．要重视农村传统农特产品的生产［J］．农业经济问题，1980（06）：45-47．

［264］张超，罗必良．中国农村特色扶贫开发道路的制度分析：基于产权的视角［J］．数量经济技术经济研究，2018，35（03）：3-20．

［265］张广胜，刘钟钦，姜健力．现阶段农民增收的新思路是开拓农外新领域——以辽宁省为例［J］．农业经济问题，2001（06）：14-17．

［266］张红宇，张海阳，李伟毅，李冠佑．中国特色农业现代化：目标定位与改革创新［J］．中国农村经济，2015（01）：4-13．

［267］张红宇．农业结构调整与国民经济发展［J］．管理世界，2000（05）：153-162．

［268］张红宇．中国农地制度变迁的制度绩效：从实证到理论的分析［J］．中国农村观察，2002（2）：21-33+80．

［269］张红宇．中国现代农业经营体系的制度特征与发展取向［J］．中国农村经济，2018（01）：23-33．

［270］张露，张越，张俊飚等．农业经济管理学科领域的研究发展：历史与

前沿［J］．华中农业大学学报（社会科学版），2016（03）：31 – 38 + 133.

［271］张敏如．农业劳动生产率计算中若干问题的探讨［J］．经济研究，1962（08）：43 – 50.

［272］张平．中国农村居民区域间收入不平等与非农就业［J］．经济研究，1998（08）：59 – 66.

［273］张瑞静．对近代河北农业经济变迁的历史考察［J］．延边大学学报（社会科学版），2011，44（05）：86 – 91.

［274］张曙光，张问敏．关于农业、工业生产以及投资和新技术经济效果的讨论情况［J］．经济学动态，1980（03）：30 – 38.

［275］张晓山，苑鹏，国鲁来，潘劲．农村股份合作企业产权制度研究［J］．中国社会科学，1998（02）：15 – 31.

［276］张延凤．泛论农村工业化与工业农村化［J］．西北大学学报（自然科学版），1944（01）：11 – 17.

［277］张於倩，李顺龙，马文学等．农林经济管理专业课程体系改革对策研究［J］．中国林业教育，2006（05）：21 – 23.

［278］张仲威．关于我国农经学科建设的若干问题［J］．农业经济问题，1991（04）：53 – 55.

［279］章叶．拉丁美洲的土地关系和农业问题（上）［J］．经济研究，1962（07）：51 – 60 + 50.

［280］章宗礼，顾振鸣．中国式农业现代化的道路和指标［J］．经济研究，1980（12）：49 – 51 + 72.

［281］赵冬缓．我国农业和农村经济发展的新阶段、新态势与新对策［J］．新视野，2000（05）：21 – 23.

［282］赵凤喈．农村救济的法律问题［J］．清华大学学报（自然科学版），1934（02）：357 – 384.

［283］赵清心．试论农业合作化以后我国市场的淡旺季［J］．经济研究，1956（05）：19 – 38.

［284］赵锐．农经专业教育改革的初步设想［J］．高等农业教育，1985（S2）：23 – 25 + 27.

［285］赵西亮．教育、户籍转换与城乡教育收益率差异［J］．经济研究，2017，52（12）：164－178．

［286］赵晓峰，赵祥云．新型农业经营主体社会化服务能力建设与小农经济的发展前景［J］．农业经济问题，2018（04）：99－107．

［287］赵晓红．提高农业经济管理专业实践性教学效果的探索［J］．南方农业，2011，5（02）：84－85．

［288］郑步青．中国农业状况报告［J］．清华大学学报（自然科学版），1917（02）：140－146．

［289］郑林庄，刘振邦．美法农业现代化过程中的专业化和一体化［J］．世界农业，1979（01）：43－55．

［290］郑辟疆．新学制实行时之甲乙种农业学校［J］．教育与职业，1921（09）：60．

［291］郑晓杰．论转型期农业经济管理学科发展［J］．农业与技术，2014，34（08）：229＋235．

［292］中共中央党校教务部．毛泽东著作选编［M］．北京：中共中央党校出版社，2002．

［293］中黄．以农业为基础发展工业［J］．经济研究，1963（02）：1－8．

［294］钟甫宁，何军．增加农民收入的关键：扩大非农就业机会［J］．农业经济问题，2007（01）：62－70＋112．

［295］钟甫宁．中国农业经济管理学科的发展历程及未来展望——基于南京农业大学的视角［J］．中国农业教育，2017（05）：5－8＋91．

［296］周诚．试论农村人民公社中的"增产增收"问题［J］．经济研究，1978（06）：23－26．

［297］周飞舟，王绍琛．农民上楼与资本下乡：城镇化的社会学研究［J］．中国社会科学，2015（01）：66－83＋203．

［298］周立三．试论农业区域的形成演变、内部结构及其区划体系［J］．地理学报，1964（01）：14－24．

［299］周其仁．机会与能力——中国农村劳动力的就业和流动［J］．管理世界，1997（05）：81－101．

［300］周淑贞．山西之農業區域［J］．地理学报，1938（00）：55－72.

［301］周惕．金陵大学农林科特设农村服务专修科概况［J］．教育与职业，1929（04）：1073－1078.

［302］周熙簧．《农业经济与管理》教材已于五月底定稿［J］．农业经济问题，1980（08）：41.

［303］周一良．日本"明治维新"前后的农民运动［J］．北京大学学报（人文科学），1956（03）：52－78.

［304］周应恒，陈希．中国农业经济学研究生教育70周年庆典暨农业和农村发展国际学术研讨会在南京举办［J］．中国农村经济，2006（08）：79－80.

［306］周应恒，卢凌霄．北美农业经济管理学科发展现状及启示［J］．高等农业教育，2009（06）：86－88.

［307］周应奎．高等农业专科学校经济管理专业会计原理教学改革初探［J］．西南科技大学学报（哲学社会科学版），1989（03）：50－53.

［308］周月书，张兵．论农业经济管理专业本科课程体系改革［J］．高等农业教育，2006（03）：51－53.

［309］朱晶，李天祥，林大燕．开放进程中的中国农产品贸易：发展历程、问题挑战与政策选择［J］．农业经济问题，2018（12）：19－32.

［310］朱玲．政府与农村基本医疗保健保障制度选择［J］．中国社会科学，2000（04）：89－99＋206.

［311］朱梦冰，李实．精准扶贫重在精准识别贫困人口——农村低保政策的瞄准效果分析［J］．中国社会科学，2017（09）：90－112＋207.

［312］朱明芬．农民创业行为影响因素分析——以浙江杭州为例［J］．中国村经济，2010（03）：25－34.

［313］朱启襆，姜学民．对农业经济系教学改革的意见［J］．中国农村经济，1986（03）：53－57.

［314］朱启臻，胡方萌．新型职业农民生成环境的几个问题［J］．中国农村经济，2016（10）：61－69.

［315］朱希刚，刘延风．我国农业科技进步贡献率测算方法的意见［J］．农业技术经济，1997（01）：17－23.

［316］朱佐林．外国财经图书在上海展出［J］．财经研究，1980（04）：88.

［317］紫云．农村服务专修科课程纲要［J］．教育与职业，1933（09）：746－747.

［318］邹秉文．划定中等农校经费办理模范农业之必要［J］．教育与职业，1924（00）：567－573.

［319］邹秉文．吾国新学制与此后之农业教育［J］．教育与职业，1921（09）：45－52.

［320］邹秉文．吾国乙种农业学校之现状及其改进方法［J］．教育与职业，1921（01）：42－48.

［321］邹薇，张芬．农村地区收入差异与人力资本积累［J］．中国社会科学，2006（02）：67－79＋206.

［322］左平，郭冬乐，毛信萃．论我国现阶段的农村集市贸易［J］．经济研究，1979（08）：34－39.

［323］［德］约翰·冯·屠能．孤立国同农业和国民经济的关系［M］．吴衡康，译．北京：商务印书馆，1986.

［324］［美］西奥多·W.舒尔茨．改造传统农业［M］．梁小民，译．北京：商务印书馆，2007.

［325］［英］彼罗·斯拉法．李嘉图著作和通信集（第1卷）［M］．郭大力，王亚南，译．北京：商务印书馆，1997.

［326］［英］斯密．国富论［M］．刘欣欣，译．沈阳：万卷出版公司，2015：285－286.

后　记

　　本书的出版完成了笔者多年来的一个心愿，这本书也是笔者多年来从事研究的成果。笔者从 1986 年开始了农业经济管理专业的学习，之后一直从事农业经济管理学科的教学与科研工作，该学科发展与变迁的魅力吸引着笔者进行学科发展的相关研究。

　　笔者长期从事农业经济管理学科科研，并取得了些许成绩，2009 年、2012 年、2016 年、2019 年分别主持研究河北省社科基金项目 4 项；2015 年、2017 年分别主持河北省高等学校人文社会科学研究重点项目 2 项；2010 年主持的国家社科基金项目"中国农牧交错带现代农业经营模式研究"通过匿名函审；2011 年作为第一主研人参与国家社科基金项目 1 项。笔者围绕所承担的科研项目进行调研，共计走访调查了 5 个省市区的 50 多个旗县，500 多个涉农企业、农民专业合作社和家庭农牧场，3000 多户农户，在《中国农村经济》《农业技术经济》《农村经济》《中国农业资源与区划》《林业经济研究》《农业现代化研究》《资源与产业》等期刊发表论文 60 余篇，出版专著 3 部，成果获奖 12 项。

　　笔者长年忙于教学与科研工作，其间还做了一些关于农业经济管理学科建设与改革研究相关的小项目，包括：2011 年主持完成了河北北方学院教学改革项目"二类院校农林经济管理专业特色课程体系构建研究"；2014 年主持了教育部高等学校农业经济管理类专业教学指导委员会立项课题"基于百年发展历程探索农业经济管理专业教学体系创新"；2014 年完成的"普通高等院校农林经济管理专业特色课程体系构建研究"成果获河北省教育科学研究优秀成果三等奖；2015 年主持完成了河北北方学院教改项目"农林经济管理专业实践教学模式创新"；2018 年主持完成了河北北方学院教育教学改革研究项目"基于百年发展史农林经济管理专业综合改革研究"，并公开发表 2 篇论文。

笔者这些微小的成绩与笔者的师长、导师、同行前辈与后辈们相比，相差甚远，这些工作只能说明笔者对农业经济管理学科的钟爱，"以铜为鉴，可正衣冠"，笔者时刻不忘向为农业经济管理学科发展做出贡献的专家学者们学习，以便找到笔者的不足，进而推动笔者继续农业经济管理学科的学习。因此，在这里感谢笔者的师长、导师、同行前辈与后辈，能够给予笔者指明学习方向、开阔视野的帮助，以及提供宝贵的经验与启发。本书参考了众多专家学者的研究成果，笔者在这里表示感谢与敬意，本书的出版也少不了笔者的家人、朋友、同事们的帮助，更离不开出版社编辑、审稿等专家们的辛勤付出，这里一并感谢与本书出版相关的专家、学者、同事、朋友，以及编辑、审稿专家，虽然没有逐一提名道姓，但是对各位的感激与感谢之情永驻，谢谢诸位！

2020 年 5 月